新编中等职业
旅游类专业 系列教材

# 旅游应用文

（第2版）

主　编　杨雅利

副主编　唐从举　蒋正芳

重庆大学出版社

# 内 容 提 要

　　本书全面介绍了旅游行业常用的应用文,全书共分7章,内容包括:绪论,常用公文及写作方法,旅游日常事务应用文及写作方法,导游词、景区景点介绍、旅游指南及写作方法,旅游广告及写作方法,常用旅游法律文书及写作方法,旅游礼仪类文书及写作方法。

　　本书体例完备、针对性强,除适用于中等职业学校、高职院校旅游类专业以及相应专业教学之用外,还可以作为旅游从业人员学习培训用书。

**图书在版编目(CIP)数据**

　　旅游应用文/杨雅利主编.—重庆:重庆大学出版社,
2008.6(2024.1重印)
　　(新编中等职业教育旅游类专业系列教材)
　　ISBN 978-7-5624-4474-9

　　Ⅰ.旅… Ⅱ.杨… Ⅲ.旅游—应用文—写作—专业学校—教材　Ⅳ.H152.3

　　中国版本图书馆 CIP 数据核字(2008)第 041955 号

新编中等职业教育旅游类专业系列教材
## 旅游应用文
### (第2版)
主　编　杨雅利
副主编　唐从举　蒋正芳
责任编辑:顾丽萍　胡美会　　版式设计:顾丽萍
责任校对:谢　芳　　　　　责任印制:张　策

\*

重庆大学出版社出版发行
出版人:陈晓阳
社址:重庆市沙坪坝区大学城西路21号
邮编:401331
电话:(023) 88617190　88617185(中小学)
传真:(023) 88617186　88617166
网址:http://www.cqup.com.cn
邮箱:fxk@cqup.com.cn(营销中心)
全国新华书店经销
POD:重庆新生代彩印技术有限公司

\*

开本:720mm×960mm　1/16　印张:10　字数:174 千
2014年2月第2版　2024年1月第7次印刷
ISBN 978-7-5624-4474-9　定价:29.00 元

随着现代经济的发展,旅游业已成为全球经济中发展势头最强劲和规模最大的产业之一。在1996—2006年的10年时间里,全世界旅游业保持着良好的发展态势,国际旅游接待人数与国际旅游收入的年均增长率分别为4.6%,6.1%。2006年全球接待国际游客总数达到8.42亿人,同比增长4.5%。全球旅游业的发展达到了一个前所未有的高度。根据世界旅游组织预测,从现在起到2020年,全球国际旅游人数年增长率可望保持在4%的水平,旅游业发展前景将继续展现出良好发展态势。

在中国,旅游业已成为经济发展的支柱性产业之一。自1996年以来中国旅游业的增幅保持在10%左右,高于全球增幅3~5个百分点,在国民经济中占有一席之地。据预测,到2015年,中国旅游业增加值可达2万亿元,约占GDP的4.8%;旅游业约占服务业增加值的11%;旅游直接与间接就业总量将达1亿人左右。根据中国旅游业快速发展的态势,世界旅游组织预测中国将成为世界第一旅游大国的时间,已由2020年提前到2015年。

在全球旅游业快速发展的推动下,在中国旅游业强劲发展势头的带动下,在国家大力发展职业教育的号召下,旅游职业教育的提升与更新亦呼之欲出,尤其在中国旅游业迎来了行业发展的提升期之际,由拥有良好旅游资源的中西部地区的旅游职业学校共同推出的这套系列教材,无疑将对中国旅游职业教育的发展和旅游人才的培养产生深远的意义。

该套教材坚持以就业为导向、以人的全面发展为中心,既注重了内容的实用性和方法的可操作性,又对教学资源进行了立体化开发,使教与学更加灵活,体现了旅游业发展的实际要求,是一套理论与实际相结合的旅游专业教材,也是旅游工作者的重要参考书。

值此套教材出版之际,欣然为之作序。

2013年2月

　　为了适应中等旅游教育发展的需要，根据国家教育部制订的旅游类专业教学计划和教学大纲的要求，编写了《旅游应用文》。本书编写追求实用性、科学性、知识性、丰富性和实践性相统一，并同时提供配套练习册，供学生课堂练习和教师备课时使用。学生通过理论学习和实际练习，掌握一定的旅游应用文写作基础知识，提高对旅游常用应用文的写作能力，以适应当前和今后学习、生活、工作的写作需要，并为今后的就业打好一定的写作基础。

　　旅游应用文是一种实用性较强的文体，有丰富的文化内涵，已经形成一门独立的应用性学科，同时旅游应用文也是一门操作性较强的课程。作为中等旅游职业学校的专业教材，不仅体现了旅游应用文体的写作方法和技巧，还包含了旅游应用文的文化知识，总结了旅游应用文体的写作规律，使学生在教材理论知识学习的基础上开拓思维，培养写作技能，使之将来更好地适应旅游工作的需要。

　　本书由杨雅利任主编，唐从举、蒋正芳任副主编，李润生、鲁辉玲、李显梅、申毓梅参编。教材的编写分工：四川省旅游学校杨雅利编写第 1,2 章；湖北省旅游学校唐从举编写第 3 章；四川省旅游学校蒋正芳编写第 4 章；云南省旅游学校李润生编写第 5 章；四川省旅游学校鲁辉玲编写第 6 章第 1,2 节；四川省旅游学校申毓梅编写第 6 章第 3,4 节；湖北省旅游学校李显梅编写第 7 章。全书由杨雅利总纂、定稿。

　　本书在编写过程中，多次听取有关专家以及教师的意见，使教材的内容更丰富，更符合学生学习的特点，同时可供各高职院校旅游专业类学生使用，也适合旅游从业人员作为自学教材。

编　者

2014 年 1 月

MULU

目录

目录

# 第 1 章
## 绪 论

**【本章导读】**

通过本章节的学习,了解旅游应用文的概念和特点,掌握其表达方式以及语言的运用,熟知旅游应用文在语言风格和表达方式上与其他文体的区别,为全课程学习打下良好的基础。

**【关键词】**

旅游应用文　概念　特点　分类　修辞手法　语言特点

**【问题导入】**

在旅游活动中,信息的传递非常重要,随着现代化通信工具的发展,有人认为用文字交流的方法不适应社会的发展。但随着人们法律观念的增强,旅游活动中运用文字能起到证据及保护消费者的作用,有现代化通信工具不可代替的作用。在撰写旅游应用文时了解其特点、作用及语言修辞方法是非常必要的。

## 1.1　旅游应用文的概述

旅游应用文是属于应用文的一个分支,是指单位或个人在旅游工作和活动中所使用的具有惯用格式的应用文体。

### 1.1.1　旅游应用文的概念与特点

旅游应用文在旅游活动中起着传播、传递信息,处理日常工作的作用,同时起到了企业与企业、企业与游客之间的公共交际、宣传教育、沟通联系等实际作用。随着我国旅游业的发展,旅游应用文已成为该行业开展业务、实施管理必不可少的一种写作手段。

**1）旅游应用文的概念**

旅游应用文是旅游从业人员在管理、经营、实践生活中处理各类公务和日常事务、交流信息、解决具体问题经常使用的、具有规范体式以及惯用格式的一种文体。

**2）旅游应用文的特点**

旅游应用文作为应用文的一个分支，除了具有其他应用文的规范性、实用性、实效性的特征外，还具有自身的三大特点。

（1）有较强的专业性

旅游应用文是用来反映旅游行业的工作情况和解决旅游活动中的实际问题，因此，带有鲜明的旅游专业特色。在内容上，旅游应用文反映旅游部门的工作和业务活动；在语言表达形式上，旅游应用文往往运用大量的专业术语，如计调、客源、投诉、前厅、客房、餐饮等。

（2）表达形式的灵活性

旅游应用文包括旅游活动中常用旅游应用文和专用旅游应用文。特别是旅游专用应用文中的导游词、旅游说明书、旅游指南、旅游广告等的撰写，在内容上不排斥合理的文学性内容，在格式上有时追求奇特新颖，在语言上可以用词华丽，表现了旅游专用应用文写作的灵活性。

（3）强调内容的真实性

旅游应用文的真实性体现在对旅游产品的情况介绍必须真实、准确。旅游行业属于第三产业，主要产品是服务，服务质量的好坏客人事先无法知晓。因此，在撰写旅游说明书、旅游广告、旅游新闻时要讲究诚信原则，不能欺骗、坑害游客。越真实的信息越可信，越能发挥旅游应用文的作用。

## 1.1.2　旅游应用文的作用

旅游应用文的作用除了解决旅游行业在业务活动中的实际问题外，还通过旅游应用文的表达给游客传递有关旅游方面的信息，为旅游行业之间协调业务和客人外出旅游活动发挥了积极的作用。主要表现在以下几个方面：

**1）规范旅游市场的作用**

旅游应用文中的旅游章程、法规、导游管理条例等，对旅游消费者和旅游经营者具有很强的行为规范作用，通过这种法令颁布，目的是规范旅游市场，维护良好的旅游市场秩序，给广大的游客营造一个安全的旅游环境，给经营者创造一

个规范的旅游市场。这些法令一经发布,广大的旅游者和旅游经营者都必须严格遵守和执行,不得违反。

### 2)行业之间相互沟通、协调的作用

旅游应用文的使用增强了企业之间的沟通和协调,促进人际关系的良好发展。旅游行业的特点是引导客人吃、住、行、游、购、玩六大类的活动,在旅游活动中任何一个环节都不能出错,这就需要旅游企业之间用信函或其他通信方式相互联系,使之在接待工作中起到相互配合和沟通的作用。通过相互协调明确自己的任务,了解自己服务的对象,为客人提供优质的服务。

### 3)传递信息的作用

在旅游工作中,传递和交流信息都是极为重要的,信息能否发挥作用、产生实际价值,很重要的因素是信息能否流通。当今社会进入信息化时代,信息的传递更为现代化,尤其是现代旅游业的迅猛发展,旅游业要繁荣、发展,就必须利用现代通信网络,沟通、交流旅游信息。作为载体的旅游应用文面对飞速发展的旅游市场,传递各种信息是发展旅游市场的一种重要方式和手段。对一些新出现的景区、景点或者酒店,通过旅游广告形成信息,通过电视、广播、网络、电话传递到人们的生活中,使旅游行业的发展得到公众的认可,促进国家旅游业的发展和进一步活跃旅游市场。

### 4)宣传教育的作用

旅游应用文通过导游词、旅游广告文、旅游说明书以及酒店的简介等各种方式向人们宣传旅游行业的最新变化;通过人们参加旅游活动了解中国乃至世界各国的历史和文化,潜移默化地接受人类世界文明的教育;同时了解全国各地开展在"优秀旅游城市""优秀导游""旅游饭店优秀员工"等活动中涌现出来的先进事迹。因此,旅游应用文在宣传教育群众、提高他们的思想认识水平、倡导高尚的道德风范方面发挥了十分重要的作用,所产生的深远影响是不可低估的。

### 5) 具有凭证的作用

国家旅游机关、旅游企事业单位在办理公务或处理各种旅游活动的有关事宜中,都应当以有关的旅游公文为凭据。如合同、协议是旅游经济事务中的依据;条据是人们日常生活、旅游工作中处理有关事务的凭据;旅游法规、章程和有关管理条例是旅游团体和机关人员行为规范的根据。旅游应用文完成了当时的特定任务之后,有的可被作为资料加以保存,有的可成为事后发生意外情况或争议时判断是非的有力证据,有的可成为旅行社或饭店档案的一部分。

### 1.1.3　旅游应用文的分类

旅游应用文有广义和狭义之分,狭义的旅游应用文是指旅游专用应用文,如导游词、旅游指南、景区景点的介绍、旅游广告、旅游行业中的各类业务表格等。广义的旅游应用文泛指在旅游领域工作和活动中使用的一切文体,如旅游行业处理行政事务使用的行政公文,旅游活动中发生了纠纷使用的法律文书等。旅游应用文的主要分类如下:

**1)常用旅游应用文**

这是指旅游行业在工作运行中需要处理有关旅游事务而使用的常用行政公文、日常文书和事务文书。如行政公文中的公告、通告、报告、请示、批复、函等;日常文书中的条据、书信、启事、会议记录、自荐书(求职信)等;事务文书中的计划、规章制度、总结、调查报告、简报、讲话稿等。

**2)专用旅游应用文**

这是指旅游行业在工作运行中需要使用的旅游专用文书。如旅游介绍类文书中的导游词、旅游指南、景区景点的介绍、旅游广告等;旅游礼仪类文书中的旅游祝词、旅游欢迎词、旅游欢送词等;旅游投诉类文书中的旅游投诉状、旅游常用的合同等;旅游经营类文书中的旅游合同、旅游市场预测报告、旅游活动分析报告等;还有旅游新闻和旅游论文等。

**3)旅游业务表格**

这是指旅游行业在管理过程中使用的各类表格。如旅游饭店类的前厅部表格、客房部表格、餐饮部表格;旅行社常用的计调部表格、接待部表格等。

### 1.1.4　旅游应用文的写作特点

旅游应用文同其他应用文一样,是有规范体式和特定惯用格式的一种文体。它是特定的作者写给特定的对象,并且要在特定的时间内发挥效用的文体,在撰写旅游应用文时具有非常明显的写作特点。

**1)具有较强的实用性**

旅游应用文与其他应用文的相同之处就在于实用性,旅游者往往通过宣传资料了解旅游动态,实用性是旅游应用文与其他文学作品的主要区别之一。

旅游应用文的写作主要是为了解决实际问题,是有事而发,无事不发。如组

建一个旅游团,旅行社就需要同每位游客签订旅游合同;旅游行业各部门向自己的上级主管部门汇报工作、反映情况,要写报告;推出新的景点、景区或酒店要开业等,需要写广告对外宣传等。这些都是为了解决实际问题而写的,因此旅游应用文往往被人称为实用文,是"为实用而作之文"。这就是旅游应用文的实用性特点。

**2)具有一定的模式性**

模式表现在约定俗成的习惯上,旅游应用文的写作和其他应用文一样都具有惯用的格式,这是人们在长期使用旅游应用文过程中,经过不断地整理和规范,逐渐形成的一种模式。按一定的模式写旅游应用文,写起来顺手,看起来顺眼,容易被理解和接受。

**3)有较强的针对性**

旅游应用文的写作都有明确、直接的对象,这和文学作品不一样,文学作品的阅读对象往往不明确,没有严格的针对性。旅游应用文有特定的作者和对象,有特定的功效,因此其针对性就非常鲜明。也就是说,旅游应用文是作者针对某一景点、景区、饭店、旅游对象,有的放矢而做的文章。即使是一些旅游广告、旅游启事也是针对特定的群体和特定的知情者而做的,只不过对象的范围大了一些。

# 1.2 旅游应用文的语言特点、修辞手法

旅游应用文的语言同议论文的语言不同,和文学作品的语言有相似之处,但也有差别。旅游应用文语言的表达可以看成是自成一体,在交流思想、传播信息时,针对不同的内容和语言环境,特别是在旅游专用应用文中,为了追求最佳表达效果,往往运用各种修辞方式,选择最恰当的语言方式,表达作者的意图。

## 1.2.1 旅游应用文的语言特点

旅游应用文语言的表达以记叙为特征,以实用为目的,根据内容的需要,有的追求语言的艺术化,有的以语言的生动为标准,但作为旅游应用文范畴的文体,确切、简明、得体应是基本的语言要求,也是旅游应用文语言的基本特点。

### 1）词义表达确切性

准确即选用恰当的词语,在应用文中准确地表达作者的思想和观点。这是所有旅游应用文都应做到的。最为关键是用字用词要恰当和准确。有时一字一词之差可能会带来严重后果。古今中外不乏"失之毫厘,谬以千里"的事例。如1889年意大利与埃塞俄比亚签订了一个条约。这个条约的第十七条有这样一句话:"埃塞俄比亚万王之王陛下在其与其他列强或政府所发生的一切交涉中,可以借助意大利国王陛下的政府。"其意是埃塞俄比亚一旦与外国发生纠纷,可以请意大利帮忙,也可以不请。但是,在意大利文本中,却把"可以"改为"必须",意思大变。埃方忽略了两个文本的一词之差。条约签订生效后,意大利便洋洋得意地宣布埃塞俄比亚为保护国,埃方一怒之下断然宣布废除此条约,为此两国爆发了战争。这样的事例虽不多见,但由于用字用词不准,造成巨大损失的却屡见不鲜。

如何做到语言准确呢?

（1）注意语义的确定性

使用词语必须注意其语义的确定性,避免产生歧义。有些词语、句子容易引起歧义,如:各位游客请于15日下午到酒店门口集合。"15日下午"有歧义,下午13点到20点都可以是下午的时间,那么到底是下午的哪个时间段? 因此,旅游应用文体中要避免使用此类词句,以免发生不必要的纠纷。

（2）注意辨析词的语义和感情色彩

汉语的词汇很丰富,同义词、近义词极多。词汇丰富可以充分地表达思想感情,但也给写作带来了困难。用词恰当,可以使文章增色,反之则使文章别扭。在旅游应用文写作中,要注意区别同义词、近义词的细微差别。如:导游员在活动中遇到困难需要同游客讨论有关事宜,如何使游客体会导游员解决问题的诚意?"商谈""商量""商定""商酌",这四组词是近义词,看起来都差不多,要细细辨别才能得出彼此间的差别。

另外,还要注意区别词的感情色彩。有些词是中性词,无感情色彩。但有的词褒贬之意很明显,就要注意区别。如"探访""探讨""探秘""探查"等,这些词褒贬的感情色彩很鲜明,在使用的时候一定要选择符合文体的词,准确地表达旅游应用文中的意思。

### 2）文字的简明性

在准确的基础上,旅游应用文体的语言要求简练。"文贵精不贵多"。言简意赅,即用简洁的语言清楚地把意思表达出来,使人一目了然。用社会上通用的

词语,不要赶时髦,用那些新奇而不规范的词语,特别是现在的"网络语言"。旅游应用文是因事行文,必须使语言简练,而且要注意实效。

**3)语言要得体**

旅游应用文的文种不同,语体风格也不同。文稿的内容和语气要和单位、作者的地位相一致,要和应用的环境气氛相协调。比如通告,主要用于在一定范围内公布应当遵守或周知的事项,使用面较广,无论是哪个级别、部门,只要有法人资格都可使用,它不像公告那样只用于重大事项,也不像制约性通告具有很强的强制性。又如酒店开业典礼上的欢迎词和宴会后的欢送词,情感要真挚,言词要热情,语气要庄重,用词要典雅大方,语调应欢快。导游词的用语则讲究文采,富于感情色彩和诱惑性、趣味性,可以运用各种修辞表现手法,以增强游客的好奇心和满足他们的求知欲望。景区、景点的介绍用词越新奇、越独特、越真实,既能诱发潜在旅游者产生旅游动机和行为,又能帮助他们对景区、景点的了解,提高他们对大自然的欣赏水平,同时获得美的享受。

## 1.2.2 旅游应用文的语言修辞

有人认为,旅游应用文是实用文体,不讲究修辞。这种说法其实是不对的。在人们日常说话中,在文学创作和应用文写作中,都离不开修辞。修辞学一般分为实用性与文艺性。实用性的修辞学在语言运用上要求简明、准确、平实,使人读了十分明确,结合对象选择最适宜的词汇、句子、语调、篇章结构来表达,更多地注意用词造句,以求收到预期的效果。这类实用性修辞适用于公文体、科技文体,以及其他应用文体。文艺性的修辞学在语言运用上要求形象、具体、鲜明、生动,富有想象,富有情韵,因而较多地运用比喻、夸张、摹状、比拟、婉曲、反复、对偶、排比等修辞手法,塑造出艺术形象来感染读者,适用于诗歌、小说、戏剧、散文等文学作品,而在旅游应用文中主要用于导游词、旅游广告文。两种修辞学的性质和特点在应用上有很大的差异,但是两种修辞学并不是绝对井水不犯河水,实际上两者也有共同处。所以说,在旅游应用文中运用各种修辞方式,就是为了追求最佳表达效果。旅游应用文修辞方式的运用大体可分三种情况。

**1)一般事务性旅游应用文**

一般事务性旅游应用文主要包括计划、总结、报告、简报、章程、合同等。这类应用文在语言运用上与公文相近,要求简明、准确、平实、得体,结合具体对象和语言环境,在词汇、句子、语调、篇章结构方面注重修饰。因为不属于公文范

畴,不具备公文的某些特性和功能,但在旅游行业又经常运用,所以有人将它们称为准公文。因不是法定公文,在语言修辞方面有一些区别。其用词规范、庄重、典雅,用习惯性词语,一般不用俗语和不规范的词语;在句式方面多用长句和整句;在篇章结构上,比较固定化、模式化。

**2)旅游评论文**

旅游评论文在写作上属于抽象思维,其语言运用主要以议论为表达方式,通过概念、判断、逻辑推理表达作者对客观事物和客观事理的看法,达到以理服人的目的。旅游论文的修辞在语言运用上要求准确、鲜明、生动、严谨。同时,为了增强表达效果,使语言表达鲜明、生动,一些文艺性的修辞也经常运用。

**3)具有文艺性的旅游应用文**

旅游应用文中有一些具有文艺性的文种,比如导游词、欢迎词、旅游广告等。这类应用文除具有实用价值外,往往还具有文学欣赏价值。其语言运用中的修辞方式较为广泛,除了实用性的修辞之外,还常常运用文艺性的修辞格,比如夸张、比喻、对偶、排比等。把两者的优点融合在一起,使修辞手法更加灵活多样,更富有表现力,可以使语言的表达效果更加完美。

**本章小结**

本章阐述了旅游应用文的概念、作用和分类,以及旅游应用文语言的特点和修辞手法的运用,特别阐述了旅游应用文在语言风格表达方式上同其他文体的区别。

**本章自测**

1.简述旅游应用文的概念。

2.简述旅游应用文的语言特点。

3.简述旅游应用文的种类。

4.把下列的广告词用简明、平实的语言整理出来。

我公司出口的女装,品种繁多。有美如垂柳的长裙和睡衣,有艳比玫瑰的旗袍和裙衫,有花团锦簇、五彩缤纷的锈衣,艳而不凡,美而不俗。无论衣料的选用、款式的设计,还是制作,均很讲究。

5.下面是一位学生在实习后写的一篇调查报告习作的开头,文字通顺,交代

了调查的时间、地点、人物、事件。请从语体方面分析其不当之处，并予以修正。

　　阳春三月，风和日丽。我们省旅游学校的45名同学从学校乘车，在天蒙蒙亮时就到达实习地点。啊！一座美丽的城市展现在我们眼前！你是南国的旅游胜地，多少个日日夜夜啊，同学们梦寐以求，要来领略你的风采，今天如愿以偿了。但是，这次我们到这里来的目的是作为期一个月的调查。因此，尽管大家都想借此机会痛快地玩一下，但是想到这是实习调查，必须把学好专业放在首位。这样，在实习老师的带领下，到达城市的当天，我们上午听完老总介绍酒店的情况后，下午就分为两个小组奔赴实习调查点了。

# 第 2 章

# 常用公文的写作方法

【本章导读】

了解公文的种类和使用范围,明确公文的法定效力和规范的体式。掌握公告、通告、事务性通知、通报、请示、批复、报告、函等常用行政公文的写作方法及要点。

【关键词】

公文　性质　特点　分类　写作方法

【问题导入】

当今社会,公文是机关、企事业单位、社会团体以及个人之间交流的重要文字工具,是社会的发展中不可或缺的应用文体。公文的文种随着社会的发展也在不断的发展中。这就需要各机关、企事业单位和个人在使用中进一步了解公文的文种、定义、特点和分类,基本掌握常用公文的写作要领。

## 2.1　公文的概述

公文的使用由来已久,它是随着阶级、国家、文字的产生而产生的,是随着生产的继续、社会的进步、人类长期的社会实践活动所形成的文体样式。中国第一部公文集是先秦时期的《尚书》,这是我国早期公文。

公文,又可称为公务文书,一般是指国家行政机关公文和党的机关公文。

公文有广义和狭义之分。广义的公文,指党政机关、社会团体、企事业单位在进行公共管理和公务活动中所使用的各种体式完整、内容系统、具有法定效力的文书。

狭义的公文是专指 1996 年 5 月 3 日中共中央办公厅印发的《中国共产党机关公文处理条例》(以下简称《条例》)规定的 14 种公文和 2000 年 8 月 24 日国务院发布的 2001 年 1 月 1 日正式实施的《国家行政机关公文处理办法》(以下简

称《办法》）规定的 13 种公文，即党的机关公文和行政机关公文，又称法定公文。本书所讲述的公文即指《办法》所规定的 13 种公文。

## 2.1.1 公文的性质

公文是法定作者按一定的体式、程序表述其意志的重要工具。对于公文的性质，可从以下三点去认识与理解：

### 1）具有法定的作者

法定的作者是指国家行政机关，依法成立并能以自己的名义行使权力，承担义务的组织和法人，即具有法人资格的、依据法律有关规定建立的组织。公文作者不同于一般性文章或文艺作品的作者，一般性文章的作者可以以个人名义对事物表达看法、意见，人们不一定要服从、照办。而公文作者则代表某一机关、企业和事业单位表述主张、意见，而不是任何个人都可以承担的，是由法定的制作人员完成撰写、制发的，受文单位必须严格执行。

### 2）具有法定的效力

公文是表述法定作者意志的重要工具。"具有法定效力"是指公文的权威性和约束力，各企事业和机关单位根据自己的合法地位通过公文来传达政令，具有极强的现实执行效力。公文用以传达、贯彻党和国家的方针政策，集中体现了发文机关的行政意志。如：上级机关的指挥性公文，下级机关都必须遵照执行，违者将被追究行政责任甚至法律责任；下级机关报送的请示，有权要求上级机关答复，这些都是行政公文法定效力的具体表现。

### 3）具有特定的格式和程序

公文有特定的格式。从标题到签署，从正文到各种附加标记，从文面到用纸，都有特定的要求和格式。如：文件的结构、书写格式、用纸的尺寸标准等，均有严格的规定。公文的制发和处理要经过一定的程序。如：收文要经过传递、签收、登记、分发、拟办、批办、承办等程序；发文要经过拟稿、审核、签发、缮印、校对、用印等程序。

## 2.1.2 公文的特点

### 1）传达、贯彻的特点

公文作为治理国家的重要工具之一，党和国家的方针、政策等就要通过它向

各级政府、行政机关、企事业单位传达,以指导全党、全军、全国的政治、军事、经济、文化等工作。有些公文,如命令(令)、决定等,往往具有强制贯彻的作用,上级要求下级必须认真贯彻执行,不得违反。尤其是维护、保卫国家政治体制改革,国民经济建设顺利进行的法律、法令、法规等,一经制定、颁布,有关部门、人员就必须在有限时间和规定范围内立即认真传达,并且不折不扣地贯彻执行。

**2)宣传、执行国家方针政策的特点**

公文是随着阶级的出现、国家的产生而产生的。它的内容必然要体现统治阶级的根本利益和意志,必然要为国家服务。以公文形式出现的党和政府机关的文件,不仅传达方针、政策,要求人们怎样去做,任务如何完成,而且还要通过思想政治工作,广泛进行宣传,使党和政府的政策深入人心,充分调动广大干部和群众的积极性。如:通过学习党中央的文件,学习党和国家领导人的重要报告,可以统一思想,提高人们的认识,对于鼓舞全党、全国人民坚定改革开放,积极进行中国特色社会主义建设的斗志,起着重要的作用。

**3)具有国家法定权威性的特点**

公文代表制发机关的职权,上级机关根据职权范围发布公文、表述决定或意见,要求下属单位必须认真领会、贯彻执行,否则,将追究有关单位领导的责任。为了体现公文的权威性,国家利用相应的法律和行政措施来加以约束和保证。如:全国人民代表大会常务委员会有权制定法令;国务院有权根据宪法、法律和法令规定行政措施,发布命令等,这些都体现了公文法定的权威性。

**4)具有确定时效性的特点**

公文与其他文章、作品不同,其他文章和作品一经刊登、发表,其效用不受时间的制约,无所谓有效和失效。而公文则具有一定的时效性,公文是在一定时期内,根据某项工作和任务制发的,一经使用,就会产生某种行政约束作用,目的达到、使命完成了,公文的效用也就失去了。随着改革开放的深入开展,党政机关体制改革的不断深化,组织机构的不断调整、变迁等,旧的公文就会被新的公文所替代。正在发挥效用的现行公文等到"使命"完成,其现实效用也就完结了,只能作为历史文件、资料存档备案,没有一份公文是永远有效的。

**5)依据、凭证功能的特点**

公文具有十分明显的依据、凭证作用。上级机关传达、贯彻党和国家有关的方针、政策,指导下级工作或处理解决一些问题时,往往要依靠公文来实现。有了相应的公文,下级机关在处理工作或解决问题时,就会有所依据,办事也会有章可循,如批复、通知、会议纪要等。上级机关在处理工作、解决问题前,还要依据下级机关呈送的请示、报告等公文中提出的请求、意见,有针对性地进行答复。

# 2.2　公文的分类及格式

公文的分类主要是指公文的文种名称及其特定的性质、功能和特点。公文必须按照特定的格式撰写,主要是为了保持公文的严肃性和权威性,从标题到签署,从正文到各种附加标记,都有严格的要求。在学习中必须清楚地理解公文的分类和格式。

## 2.2.1　公文的分类

### 1)按适用范围划分

根据国务院 2000 年 8 月 24 日发布的《国务院行政机关公文处理办法》的规定,现行的国家行政公文有 13 种:命令(令)、决定、公告、通告、通知、通报、议案、报告、请示、批复、意见、函、会议纪要。这 13 个文种可以细分为:告知性的主要有公告和通告;奖励性和需要下级办理的主要有命令、决定、通报;请求批准事项的主要有请示、函;反映情况的主要有请示、报告、意见。中共中央办公厅 1996 年 5 月 3 日发布的《中国共产党机关公文处理条例》党内的机关公文有:决议、决定、指示、意见、通知、通报、公报、报告、请示、批复、条例、规定、函、会议纪要 14 个文种。两者之间有些文种在使用中有交叉,应特别注意,不能错用文种。

### 2)按行文方向划分

公文按其行文方向,可分为上行文、下行文、平行文。

①上行文:下级机关向所属上级领导机关的行文称为上行文。由下而上的行文关系称为上行关系。上行文主要有:报告、请示、议案等。

②下行文:上级领导机关对所属下级机关的行文称为下行文。由上到下的行文关系称为下行关系。下行文主要有:命令(令)、决定、公告、通知、通报、批复、会议纪要等。

③平行文:相互没有隶属关系和指导关系机关之间的行文,主要有函。

### 3)按处理时限要求划分

按处理时限要求可分为特急公文、急件公文。公文内容有时限要求,需迅速传递办理的,称特急公文。时限要求越高,传递、办理的速度也就要求越快,特急

公文应随到随办,但要"快中求准"。随着社会的发展,对公文的时效要求越来越高,即使一般公文,也应随到随办,以提高办文效率。

**4)按机密程度划分**

按机密程度可分为绝密公文、机密公文、秘密公文、普通公文。文件的密级越高,传达、阅办、保管的要求也越严。绝密公文涉及党和国家最核心机密的文书;机密公文涉及党和国家重要的机密文书;秘密公文只涉及党和国家的一般秘密;普通公文是指可以向人民群众公开发布或在机关组织内部使用的公文,不具备保密性。这些不同等级的公文中特别是涉及国家安全和利益的,一旦泄漏后果不堪设想,必须严格对待,严格管理,并在公文的首页注明秘密的程度。

## 2.2.2 公文的格式

公文在长期的实践中形成了一套特定的格式,也就是公文的外观形式。自2001年1月1日实施的《国家行政机关公文格式的国家标准》,使公文的格式通过国家的标准予以规范,这是公文权威性和法定效力在形式上的体现。公文的格式可以分为三大部分:文头、正文、文尾。

**1)公文的文头部分**

开头由公文的编号、公文的名称、发文字号和间隔线组成。

(1)公文的编号

公文的编号是公文在该文总印数中的顺序号,标于文件名称的左上侧。只有必须要如数回收的公文才编号,便于统计,以收发登记、借阅后如数回收。(现在绝密文件才有编号,一般公文已取消使用编号)

(2)公文名称

公文名称由发文机关全称加上"文件"二字组成,有的文件名称可以不用,发文机关联合行文,主办机关排列在前。如:国务院办公厅文件、国家旅游局文件。

(3)秘密等级、签发人

公文有秘密等级、紧急程度、签发人。在所有公文中一般上行文应当注明签发人、会签人姓名。其中,"请示"应当注明联系人的姓名和电话,写在发文字号的右侧。

(4)发文字号

发文字号是指发文机关对所发公文的编号,由发文机关代字、发文年号和发文顺序号组成。如:国发〔2013〕34 号。"国发"是发文机关代字,指"国务院";2013 是发文的年号,"34"是该公文发文的顺序号。发文机关代字要准确,国务院代字是"国发",国务院办公厅的代字是"国办发",各级政府代字是"﹡政发"。

### 2)公文的正文部分

公文的正文部分由公文的标题、主送机关、正文、附件、发文的时间以及印章组成。

（1）公文的标题

公文的标题应当准确地概括公文的主要内容并标明文种。标题一般由发文机关、事由、文种三个部分组成。有的公文标题由事由、文种两个部分组成;有的公文只写文种。

如:《国家旅游局关于维护旅游景点安全的通知》,其中"国家旅游局"是发文机关,"关于维护旅游景点安全"是事由,通知是文种。标题力求准确、简要,既能概括公文的主要内容,又能让人一目了然。由于在行文中文头已表明发文机关,标题也可省略发文机关的名称,只写事由和文种,有的只写文种。标题中除法规、规章名称加书名号外,一般不用标点符号。

（2）主送机关

主送机关应该是全称或者是规范化的简称、统称。一般情况下,一份公文只写一个主送机关,特别是"报告""请示"。

（3）正文

正文通常由开头、主体和结尾三部分组成,主要体现在:发文的原因,应知应办的事情、要求和目的。必须按照一文一事的要求来撰写,做到主体单一、事由清楚、简明扼要、条理分明。

（4）发文日期

发文日期要完整地写出年、月、日,不能省略,重要文件以领导人签发的日期为准,经过会议讨论通过的公文,以通过日期为准,法规性的文件以批准日期为准;几个机关联合行文,以最后一个机关签署的日期为准。

（5）印章

印章是发文机关对公文生效负责的标志,做到上不压正文,位于年月日的中间,端正、清晰。除"会议纪要"和以电报形式发出的公文外,都应当加盖公章。

### 3)公文的文尾部分

（1）主题词

主题词是反映文件主要内容的规范化名词或名词性词组和文种。

（2）文件发至范围

如此件发至县团级，此件可向群众传达。

（3）抄送机关

抄报：送给上级机关；抄送：送给同级机关或不相隶属机关；抄发：送给下级机关。

公文的格式如图2.1所示。

---

# 国 家 旅 游 局 文 件

## 国旅发〔2007〕124 号

关于印发中国旅游景区景点大辞典编写规范的通知

各省、自治区、直辖市旅游局：

为了做好《中国旅游景区景点大辞典》的组稿撰写工作，《中国旅游景区景点大辞典》编委会根据12月10日会议上各地代表在讨论中的意见，对《中国旅游景区景点大辞典》的编写规范重新作了修订和补充。国家旅游局同意《中国旅游景区景点大辞典》编委会编写的《〈中国旅游景区景点大辞典〉编写规范》，现印发给你们，请按此组稿与撰写。

特此通知

附件：《中国旅游景区景点大辞典》编写规范

国家旅游局

二〇〇七年十二月二十二日

主题词：印发　景点景区　大辞典　通知

抄报：全国人大　国务院

抄送：各部委　直属机关

抄发：各省市旅游局　旅行社　各星级饭店

---

图2.1　公文的格式

# 2.3　公告、通告及写作方法

公告和通告都是属于国家行政公文。公告是一种庄重、严肃,可向国内外发布,发文机关级别比较高的文种;通告则是在一定范围内公布应当遵守或者周知的事项的文种。

## 2.3.1　公告

公告是向国内外宣布重要事项或法定事项时所用的公文。公告的发布内容、事项是非常重要的,不仅关系到我国各族人民的政治生活,而且也为世界各国所关注,对国内外影响较大。

公告的发文机关通常是国家最高权力机关——全国人民代表大会、国务院、各省、直辖市、自治区人民政府或人民代表大会发布重要事项或法定事项。如:公布国家主要领导人的健康状况以及国内外关注的重大科研成果等。公告的受文者十分广泛,行文的关系不十分明确,原则上可称为下行文。

**1)公告的特点**

公告主要有庄严性、缜密性、广泛性的特点,这些特点决定了公告不是任何部门、任何单位都可以发布的。

(1)庄严性

庄严性就是庄重严肃,主要表现在公布的发布机关特别高,涉及的内容是国家重要事项或法定事项。

(2)缜密性

缜密性是指公告主要是向国内外宣布重要事项,涉及国家大事和国家机密,因此撰写时语言要周密,以免有损国格和国威。既要把意思表达清楚,又要保守国家机密。

(3)广泛性

广泛性首先是指范围广泛,可向国内外发布,具有公开性;其次指告知对象广泛,公告没有特定的对象,发布以后对公众起到知照的作用;最后指发布的方式广泛,在报纸、广播、电视等宣传媒体都可以发布。

**2）公告的结构与写作方法**

（1）标题

公告的标题一般由发文机关、文种两个部分组成,有的公告省略发文机关只写文种。

（2）编号

公告单独编号的一般写法是:"第×号",有的也用发文编号。见报或张贴时也可略去编号。

（3）正文

正文开头写明公告发布的依据,一般用一两句话概括,文字要精练,紧接着写明公告的事项,直接陈述其事,概括地表达中心内容,语言庄重严谨、简洁有力。最后以"现予公告"或"特此公告"结束。

（4）落款

写明发文机关和成文日期。如公布的时间与实施的时间不同,需要说明什么时间通过,什么时间开始实施。

范文2.1

### 国家旅游局公告
#### 第9号

依照中华人民共和国国家标准《旅游景区质量等级的划分与评定》,经有关省、自治区、直辖市旅游局推荐,全国旅游景区评定委组织正式评定,以下43家旅游景区被评为2013年国家4A级旅游景区。

特此公告

附件:2013年国家4级旅游景区名单(略)

国家旅游局印章

年 月 日

**3）公告写作应注意的事项**

①一般通过报纸、广播、电视等新闻媒体公布,不用发文字号,不列主送与抄送机关。

②发布机关特别高,涉及的内容有关国家的重要事项,具有庄重性,因此不得随意发布。一般级别较低的基层单位,不能使用"公告"这一文种。

③语言要求严肃庄重,简练明确,不过多地陈述意义,语气较为平和。

## 2.3.2 通告

通告是行政机关和企事业单位在一定范围内公布应当遵守或周知的事项的公文。行文的方向可以是下行文,也可是平行文。

**1)通告的特点**

①用于宣布一般性事项。

②只在国内一定范围内公布。

③可以由各级机关、人民团体、企业或事业单位发布。

④可以不写主送单位。

**2)通告的分类**

(1)周知性通告

通告的周知范围不大,内容单一,篇幅短小,对公众的约束力很小,仅仅告知一些行政性的事务工作或临时性的事项。往往限于一个行业、系统或部门,有的仅在单位内张贴。主要是使受文者了解重要情况、重要消息,因此文中不提直接的执行要求。通告使用的范围较广,语言平缓,包含着希望和理解、支持和协作的意思。如学校要求学生最近不要外出,学校写一则通告,贴在校门,告知大家即可。

(2)制约类通告

制约类通告一般是国家行政机关和企事业单位根据自己职权范围发布,具有一定的法规性和行政约束力。它通告的事项,有关单位或人员必须遵守或周知。主要向受文者交代需要遵守、执行的政策、措施以及其他行为规范,具有一定的强制力。如《国家旅游局严禁黄金周拿游客当"人质"通告》。

**3)通告的格式和写法**

(1)标题

标题一般由发文机关、事由、文种组成完整式的公文标题;或发文机关、文种或文种组成省略式的标题。

(2)正文

通告因属于周知性的公文,所以在一般情况下,不写收文单位。正文主要写明告知有关部门或群众应当遵守或周知的事项,并对作出的具体规定提出要求。主要有三大部分:

第一部分:阐明目的和根据。

第二部分:针对有关事项作出规定。

第三部分:提出希望和要求。这一条既是通告事项的一项规定,又可以看成是全文的结束部分。

(3)结尾部分

通告写完规定事项后,可以用"本通告自公布之日起实行"或"特此通告"做结束语。

**范文 2.2**

### 国家旅游局关于旅游景区分会成立通告

随着旅游业的持续发展,目前我国已成规模地具有参观游览、休闲度假、康乐健身等功能的各类旅游景区已达两万余家。此次新成立的"中国旅游协会旅游景区分会"将按照《中国旅游协会章程》和《中国旅游协会旅游景区分会管理办法》,在国家旅游局和中国旅游协会的指导下,以服务、自律、协调、维权为基本任务,通过开展专业性市场调研,向有关单位提出本行业发展建议及会员的愿望和要求,开展业内经验交流,订立行规行约,规范市场行为,提高旅游景区景点的服务质量和管理水平。

特此通告

国家旅游局

年 月 日

### 4)通告写作的注意事项

(1)熟悉有关政策法规

制约性通告的政策性很强,它往往是政策的具体化,因此拟制通告切忌违背现行的方针、政策,脱离实际,必须以政策为准绳,从实际出发,考虑周到。

(2)目的明确、中心突出

有的通告事项较多,前后条款之间应保持逻辑联系,使内容清晰、集中。开头应写明目的或依据,中心要突出,要紧紧围绕主旨进行阐述,内容集中,条理清楚,让告知对象明确允许做什么,不做什么。

(3)通俗易懂

通告的语言要庄严、坚定、明白、确切。由于通告的专业性较强,可以适当运用专业性的名词术语,要通俗易懂,容易理解。此外,通告包含有请求理解、配合和支持的意思,因此措辞较为缓和。

### 5)通告和公告的联系与区别

(1)联系

通告与公告都属于公开性、周知性的公文。

（2）区别

①发文机关不同。公告是由级别比较高的行政机关行文;通告则可以由各级机关、人民团体、企事业单位或具有法人资格的社会团体行文。

②内容范围不同。公告属于重要事项和法定事项,重在告知作用;通告的内容专业性较强,告知的具体事务具有知照性,制约性通告还带有行政约束力。

③发布的形式不同。公告一般通过新闻媒体发布;通告除了在新闻媒体发布,也可以采用书面张贴的方式。

# 2.4　通知、通报及写作方法

通知、通告不像命令、公告等文种那样受到级别等方面严格的限制,各级机关、社会团体和企事业单位均可使用。

## 2.4.1　通知

通知是机关单位向特定的受文对象告知有关事项的兼有指挥性和知照性的公文。它适用于批转下级机关的公文,转发上级机关和不相隶属机关的公文。传达要求下级机关办理和需要有关单位周知或者执行的事项的公文,通知一般为下行文或平行文。

通知是一种应用范围广泛、使用频率很高的公文。在党政机关、企事业单位的工作、生产中起着十分重要的作用。

**1)通知的特点**

(1)适用范围广

通知的应用范围相当广泛,不受机关级别的限制,不管哪个机关均可使用这一文种。通知包含的内容很广,可以涉及国家活动、政府工作以及社会生活的各个方面。

(2)使用频率高

现行各种公文中,使用频率最高的当数通知,在各级行政机关的发文总量中,其所占比例达50%以上,这是其适用范围广所致的必然结果。

(3)时效性强

通知是一种快捷、运用比较灵活的公文,文件中所办理的事情都有比较明确的时间限制。受文单位在规定的时间内办理,不得拖延。

通知的种类很多,如批转、转发性通知:批转下级机关,转发上级机关、同级机关和不相隶属机关的公文;任免、聘用通知:任免领导干部的职务,根据职务的重要程度不同,最高可用任免令,其次可用决定,再次用通知,最低用公布任免名单的方式。

**2)通知的主要种类**

(1)指示性通知(批转和转发)

指示性通知用来发布上级机关的指示、布置工作,上级机关对下级机关就某一事项进行处理,对某问题作出指示。在公务活动中不适合用命令、决定的形式行文的时候,均可用通知的形式行文处理。

(2)事务性通知

事务性通知用于上级机关对下级机关就某一具体事项布置工作、交代任务;用于同级机关及不相隶属单位之间就某一项具体工作或某一具体问题,要求对方配合、协助办理等。如放假通知、人事调动、任免通知等。

(3)会议通知

这是通知中应用最广泛的一种,用于准备召开会议时,告诉收文机关的会议时间、地点、内容、参加人员、会议材料、注意事项等。

**3)通知的写作方法**

(1)标题

指示性通知一般采用公文标题的写法,由发文机关、事由、文种组成,事务性通知一般由事由、文种组成,也可以只写文种"通知"。

(2)正文

通知的正文主要包括通知的缘由、通知的事项、结尾三个部分。

①通知的缘由。指示性通知的缘由主要是表述有关背景、根据、目的、意义等。如果是会议通知也可采用上述的写法。

②通知的事项。这是通知的主体部分,指示性通知所发布的指示、安排的工作,以及提出的方法、措施和步骤等,在这一部分中进行有条理的组织。内容比较复杂的需要用条款式表达。会议通知要写明开会报到的时间、地点及联系人,会议的中心议题和主要程序,与会人员的身份及准备工作。

(3)结尾

指示性通知提出贯彻执行的有关要求。篇幅短小的事务性通知一般以"特此通知"结尾。落款:发文机关、年月日。

范文 2.3

## 关于召开团员学生读书活动总结交流会的通知

各团支部:

今年以来,我校各团支部纷纷开展了振兴中华学生读书活动,这对广大学生树立远大理想、提高政治觉悟、增长科学文化知识、陶冶道德情操、丰富业余生活,起到了很好的作用。但是各团支部的进展有快有慢,参加的人数有多有少,发展还很不平衡。为了推动这一活动深入持久地发展下去,校团委决定于 3 月 2 日上午 8:30 召开一次总结交流会议,地点在学校三楼会议室,出席对象为各团支部副书记和班长。接到通知后,希望大家做好准备,总结经验,准时参加会议。

特此通知

××旅游学校团委

年 月 日

范文 2.4

## 国务院办公厅关于春节放假通知

各省市、自治区、直辖市、各直属单位:

为便于各地区、各部门及早合理安排节假日旅游、交通运输、生产经营等有关工作,经国务院批准,国务院办公厅日前就 2008 年春节放假调休日期具体安排发出通知。通知内容如下:

略

国务院办公厅

年 月 日

**4)通知写作注意事项**

①对外发出的指示性通知,其标题要符合"三要素"(发文机关＋事由＋文种)的格式,这样可以让人一看标题,即可知通知何事或要求做何事。事务性通知可以简单地标以"通知"两字。

②指示性通知的对象不能省略。被通知的单位可以是一个,也可以是几个或所有下属单位。有些通知往往不写收文对象,这是不妥当的。

③如果通知的内容重要或者紧急,可在标题中加"重要"或"紧急"两字,写成"重要通知"或"紧急通知"。

### 2.4.2　通报

通报属于发布性、知照性公文,用于表彰先进、批评错误、传达重要情况的公文。通报属于下行文,有时也可为平行文。

在公务活动中,通报使用范围较广,各级行政机关都可以使用。主要用以表扬好人好事、批评错误,通过对正反面典型事实的叙述,以点带面,以个别教育推动全局,从中汲取经验教训。还可以把本单位在工作、学习中的重要情况及时向所属机关进行通报,有利于互通信息、交流情况,有利于掌握全局,推动本部门的工作。

**1)通报的特点**

(1)真实性

通报的典型事例不管好与坏,其情节和事实要反复核对,确保完全真实,没有丝毫的虚构、失真,不夸大,也不缩小,不能有半点出入。如果失实就会造成不良影响,甚至发生严重的后果,就失去了意义。

(2)典型性

通报的事实,不管是先进事迹、错误事实还是传达重要精神,都应具有一定的普遍意义,有代表性、指导性、教育性,没有典型性的事实不能用通报。

(3)及时性

通报要及时迅速地发出,注重时效,以发挥通报的效果。

(4)指挥性

表彰先进的通报,引导人们向先进单位或个人学习;批评性的通报,提醒人们引以为戒;传达性通报,传达重要精神或情况,主要对指导、调整实际工作起到一定的指挥作用。

**2)通报的分类**

(1)表彰性通报

通报一般选择先进集体和先进个人予以通报表彰。其目的是通过先进人物、事迹的介绍、赞扬,给所属单位、干部群众树立学习的榜样,激励人们的工作积极性。如:《国家旅游局关于表彰优秀导游员×××的通报》。这种通报的正文内容,着重介绍先进的典型事迹,值得人们学习和效法的精神,最后发出号召,提出要求,或者提出如何学习的意见,以增强通报的社会效果。

(2)批评性通报

这类通报选择犯有错误的典型(集体或个人)予以通报批评,其目的是通过揭露或批评,防止类似错误发生。如:《中国国际旅行社总社关于×××所犯错误的通报》。这种通报的正文内容,着重叙述错误典型的问题或错误事实,分析其产生的原因和危害,然后作出处理的决定,指出人们应当从中吸取教训,引以为戒。

(3)情况通报

这类通报是用来传达重要精神、沟通重要情况的通报。例如,有关旅游文化活动、工程进展、资金筹集等情况的通报。

**3)通报的写作方法**

(1)标题

一般采用"发文机关+事由+文种"的常规写法。主送机关一般都比较多,以体现"通"的特点。还有的通报可以不写主送机关。

(2)正文

①表彰性通报。正文分为四个部分:

首先,介绍先进事迹。这一部分用来介绍先进人物或集体的行动及其效果,要求写清时间、地点、人物、基本事件过程。表达时使用概括叙述的方式。

其次,先进事迹的性质和意义。采用议论方式,以判断为主。

再次,表彰决定。这部分写什么会议或什么机构决定给予表彰对象表彰和奖励。

最后,希望和号召。表彰通报要在结尾部分提出希望、发出号召。

②批评性通报。正文包括错误事实或现象、错误性质或危害性的分析、惩罚决定或治理措施,提出希望要求。在结尾部分,发文机关要对受文单位提出希望要求,以便受文单位能够高度重视、认清性质、汲取教训、采取措施。

③情况通报。正文分成三个部分。首先情况通报的开头叙述基本事实,阐明发布通报的根据目的、原因等;其次介绍情况与信息,主体部分主要用来叙述有关情况、传达某些信息;最后提出希望与要求。

**范文2.5**

**关于曝光"十一"黄金周期间甩团、扣团旅行社的通报**

"十一"黄金周期间发生的4起甩团、扣团事件,有两家涉及甩团、弃团行为的旅行社"榜上有名"。黄金周前夕,我局曾专门发布《关于坚决禁止以游客作为"人质"甩团扣团事件的通告》。《通告》中规定,"凡在黄金周期间人为制造旅游行程障碍,或置国家法纪和行业道德规范于不顾,制造甩团、扣团事件,严重损害游客合法权益的,责任双方单位和有关责任人都将受到旅游行政管理部门的严肃查处。"

其中,假日旅行社组团的 22 名北京游客,于 10 月 2—4 日赴木兰围场旅游。到达木兰围场后,游客被告知,由于该组团社未带团费,沿途多家酒店不让入住。当天下雪,没有暖气、热水,一些人被冻病。10 月 3 日,该组团社工作人员甩团而走。最后,在各级假日办的协调下,该团 22 名游客凑钱,包租车辆回到了北京。

为此,责成有关省(市)旅游局对上述 4 个责任单位和有关责任人进行严肃查处。

国家旅游局
年  月  日

范文 2.6

**关于表彰王昆教授捐款的通报**

我校外语系教授王昆,是一名关心学生成长,深受学生喜爱的教师,退休后仍然关心我国的教育事业,特别关注偏远地区的失学儿童。当他得知在某山区因为校舍的原因,有许多儿童无法上学后,将自己多年积攒下来的 8 万元全部捐给某希望小学。这种精神值得我们大家学习。对于王教授这种关心教育,关心下一代的精神,校党委决定给予通报表彰。

希望全校师生向王教授学习,都来关心贫困山区的教育,关心我们的下一代。

×××大学党委
年  月  日

**4)通报写作注意事项**

①通报表彰、批评都要十分谨慎,所反映的内容要反复核实,要做到准确可靠,不能有任何虚假的成分。

②通报的内容要有典型性,不可一般化,缺乏典型意义的人、事就不要滥发,否则失去了通报的价值。

③通报的表达方式,以叙述为主,文章中的议论分析,要严谨精当,分寸适度。对表彰的人和事,不要人为地拔高;对批评的人和事,不要"无限上纲"。情况通报的议论不要太多。

# 2.5  请示、批复及写作方法

请示属于上行文,批复属于下行文。请示的目的是为了得到反馈,即期待上级明确表态,予以答复。批复就是专为反馈请示事项而设的文种。请示和批复是所有行政公文中唯一相对应的文种。

## 2.5.1 请示

请示是下级机关向上级机关或业务主管机关请示某项工作中的问题,明确某项政策界限,审核批准某种事项时使用的请求性的上行公文。

在日常工作中,请示不可过于频繁,属于本机关职权范围内,可以处理、解决的工作或问题,或已明确的方针、政策和规定能够自行处理的,就不必向上级请示。在工作中遇到某项工作或问题必须处理解决,但不在本机关职权范围内的,须向上级机关提出处理意见,请示上级机关予以审批。

**1)请示的特点**

(1)请求性

请示撰写的目的是向上级机关请求有关事项,因此,请求性是该公文的最基本特点。

(2)事前行文

请示必须是事前行文,这是请示实践性的特点,不能事中或事后行文。

(3)内容的单一性

请示的内容必须是"一文一事、一事一请",主要是便于上级机关处理、批复,提高请示的效率。

**2)请示的写作方法**

(1)标题

请示标题大多采用公文的常规写法,即可以由"发文机关 + 事由 + 文种"构成的完整标题,如《××学院关于××××的请示》;也可以由"事由 + 文种"构成,如《关于调整××培训费标准的请示》。

(2)主送机关

主送机关为直属上级机关,即只报送一个主管的领导机关。

(3)签发人

签发人写在发文字号的左侧。

(4)正文

请示的正文包括缘由、事项、要求三部分。

①请示缘由。请示缘由一般是写请示问题或事项的原因、背景、理由。这部

分要求事实清楚、理由充足,因它是上级机关批准的依据,只有把缘由讲清楚,再写请示的事项,这样才有说服力。

②请示事项。请示事项是请示的核心,就是要将请示上级机关给予指示、批准或批转的具体问题及事情全盘托出,请求上级机关作出答复。提出请示事项要详细,阐述说明道理要充分。如需要上级机关审核、批准的事项,要进行具体细致的分析,还可提出处理意见和倾向性意见,供领导参考。提出的请示,要符合有关方针、政策,切实可行。

③请示结语。请示的结语部分,为了使请示的事项得到答复,发文机关应明确提出解决问题的方法或途径,一般是另起一行空两格书写。请示结语语气要谦恭,常用的结语有:"是否妥当,请批复""以上请示,请批复""特此请示""以上请示,请审批"等。

(5)落款

落款标明发文机关名称和成文日期。

范文2.7

**国家旅游局文件**

**国旅局〔2013〕15 号　　　签发人:×××联系电话**

**关于成立中国旅游饭店协会的请示**

国务院:

　　随着党的对外开放,对内搞活经济政策的实施,我国旅游事业蓬勃发展,饭店、宾馆迅猛增加。据不完全统计,仅用于接待国内外旅游者的饭店猛增,床位的发展也超过估计的数量,而且各地还在不断兴建,用于接待国内旅游者的饭店更是大量增加。为了加强饭店工作,有必要成立一个行业性的组织(国际上也多是这样做的),目的在于维护本行业的合法权益;交流饭店经营管理经验,提高经营管理水平,更好地为发展我国旅游事业服务,并开展国际同行间的联系。

　　为了搞好这项工作主要从以下几个方面着手:

一、中国旅游协会拟议全国各地旅游饭店系统的人员为主体,成立中国旅游饭店协会。

二、聘请有关方面和热心于饭店管理的专家、学者担任领导、顾问或理事。

三、请×××同志担任协会名誉会长。

四、旅游饭店协会挂靠国家旅游局,办公地点也设在国家旅游局内。

妥否,请批复

国家旅游局

年　月　日

### 3）请示写作的注意事项

①要一文一事、一事一请。一份请示中只能请示一个事项或问题,不能同时请示几个问题,使上级机关、领导不便于批示或答复,以致拖延批复事件。

②拟准主送机关。请示要根据隶属关系主送一个直属上级机关,不要多头请示。多头请示容易出现因职责不明而相互推诿,无法及时地批复。双重领导的机关向上级机关请示,应当写明主送机关和抄送机关,由主送机关负责批复。

③不搞越级请示。请示一般不得越级行文,发文单位应根据职权范围向隶属关系直接上一级机关请示,不能越级。但如遇特殊情况或涉及紧急、重大事项时,不越级就会延误工作,如揭发、检举直接上级领导的错误、问题,可以越级请示。

④正式发文的请示应在文头注明签发人以及联系电话。

⑤请示一般不送给某个领导。

## 2.5.2　批复

批复是上级机关用来答复下级机关请示事项的文种,要求明确地回答下级机关的请示,所以批复与请示是正式行政公文中唯一的——对应的文种。

批复的特殊性:它是一种被动行文,应下级机关来文的请求而行文。没有下级机关来文的请求,上级机关就不能、不必和不该批复。相反,如果上级机关对下级机关的请示不予及时批复,上级机关就失职,要承担相应的后果和责任。

### 1）批复的特点

（1）针对性

批复和其他公文一样,都具有针对性。批复是针对下级机关的请示进行批答、回复,有请必复,没有请示,批复就没有对象。

（2）单一性

批复是针对请示,那么请示是一文一事,批复也就是一请示一批复。

（3）权威性

上级机关所作的批复,体现了上级机关的意图和权威,能够解决和审批下级机关请示的事项或问题。请示一经批复,请示单位必须严格遵守。

（4）鲜明性

批复对请示的事项批答,是否同意或批准表态要准确,态度要鲜明,不能模棱两可。

### 2)批复的写作方法

（1）标题

批复的标题与其他公文有所不同,批复的标题要将下级机关请示的事项或问题写进去,一般由发文机关、事由、文种三个部分组成。

（2）主送机关

主送机关必须是来文请示的下级机关。

（3）正文

正文主要由引语、批复内容、结尾三个部分构成。

①引语批复。批复的开头,一般要写出下级机关的请示日期、发文字号,必要时还要引述请示的要点,使受文单位明确批复的事项。

②批复的内容。根据有关方针、政策、法规、规章制度和实际情况,对请示中提出的问题作出恰当明确的答复。

在写批复主体的内容中,答复时不能随心所欲,必须要根据有关方针、政策作出答复。

（4）批复的结尾

结尾一般用"特此批复""此复"。

范文2.8

国务院文件

国发〔2013〕13号

**关于同意国家旅游局成立中国旅游饭店协会的批复**

国家旅游局:

关于《关于成立中国旅游饭店协会的请示》〔2012〕15号文件已经收悉。经审查,你们具备成立旅游协会的条件,现同意你们成立中国旅游饭店协会。希望加强科学管理,交流饭店经营管理经验;提高经营管理水平,更好地为发展我国旅游事业服务。

特此批复

国务院

年  月  日

### 3)批复写作注意事项

①坚持一请示一批复的原则,切忌一份批复包含几个请示事项。

②要正确务实。批复时要先做好调查研究,掌握有关的政策精神,核实请示缘由的真实性,做到批复有根有据,合情合理,不犯主观主义。

③要及时迅速。接到请示后,上级机关要及时研究,作出答复,不能拖延时间,如造成重大损失,就是领导失职。

④态度要明确,行文要简洁。对下级机关送来的请示,要表明态度,如认为与现行方针、政策或规章制度矛盾,或解决条件上不成熟,则在批复中表明"不予批准""不同意"或缓办。不可含糊其辞,模棱两可,更不能答非所问。用简洁、准确的语言回答下级的请示。

# 2.6　报告、函及写作方法

报告和函的行文方向不同。报告是上级和下级相互沟通,下情上达的一种沟通手段,属于上行文。函是不相隶属机关之间的公务活动中使用的文种,属于平行文。

## 2.6.1　报告

报告是下级机关向上级机关汇报工作、反映情况、提出建议、答复上级机关询问某项事情的公文。

报告的主要作用是下级机关完成任务或工作告一段落之后,向上级反映、汇报工作,以便让上级机关了解、掌握情况,更好地指导工作,为上级准确制定方针、政策提供重要的材料依据。

**1)报告的特点**

(1)陈述性

这是报告的最大特点,主要是汇报工作,提出意见和建议,因而用陈述性的语言表达文中的内容。

(2)沟通性

报告是上行文,但对下级机关来讲是"下情上传"的主要手段,以此取得上级领导的理解、支持、指导,避免工作上的失误;上级机关则通过这种形式获得信息,了解基层的情况,成为决策、指导和协调工作的重要依据。这种双方的沟通,对于调动下级机关的工作积极性有重要意义。

(3)及时性

多数报告都是在开展了一段时间的工作之后,或是在某种情况发生之后向上级作出的汇报,将下级有关事项及时反馈给上级机关,有利于上级机关迅速掌

握情况,及时指导工作,处理问题。

**2)报告的主要种类**

报告按照性质可分为综合报告和专题报告,按照时间可分为定期报告和不定期报告,按照内容可分为工作报告、情况报告、建议报告、答复报告和报送报告。我们经常使用的主要有:

(1)工作报告

凡是用来向上级汇报工作的报告,都是工作报告。大到国务院提供给人民代表大会的政府工作报告,小到某单位向上级提供的年度、季度、月份工作报告,都属于这种类型。综合报告和专题报告属于工作报告。

(2)情况报告

如果本单位出现了正常工作秩序之外的情况,譬如说发生了事故、出现了意想不到的问题等,对工作产生了一定程度的影响,应该及时将有关情况向上级进行报告。如果隐情不报,则是一种失职的表现。

(3)答复报告

答复报告是下级机关为答复上级机关询问某一工作或问题写的报告。要求一问一答,就有关上级领导提出的问题给予回答,严禁答非所问,或提出与问题无关的事件。

(4)综合报告

综合报告是向上级机关反映本机关、本单位、本系统全面工作的报告,具有内容综合的特点,是以一个机关、单位或一个地区、系统的名义向上级机关汇报全面工作的进展、成绩、经验或问题等情况,内容比较系统、全面,以便上级全面了解情况,更好地指导工作。如《康辉旅行社年度工作报告》。

(5)专题报告

专题报告是下级向上级反映本机关、本单位的某项工作、某一个问题的报告。这种报告是下级完成某项工作后,需要向上级汇报,或在工作进程中向上级反映情况。特点是内容专一,一事一报,与专题无关的内容不涉及。如《国家旅游局关于开展"生态环境游"的报告》。

**3)报告的写作方法**

(1)开头

①报告的标题。标题有两种写法,一是"发文机关、事由、文种"的写法;二是"事由、文种"的写法,如《关于进一步加强我市旅游市场管理的报告》。

②报告的主送机关。报告一般只送一个上级机关,但行政机关受双重上级

领导的情况比较多,因此,主送机关可以不止一个。报告应报送直接上级机关,一般情况下不越级行文。

（2）正文

报告的正文是一份报告的核心内容,一般由导语、主体、结尾组成。

①导语。导语指报告的开头部分,它起着引导全文的作用。导语要交代报告的缘由,概括说明报告的目的、意义,然后用"现将××情况报告如下"转入下文。

②主体。主体是报告的核心部分,用来说明报告事项。它一般包括工作情况、存在问题、进一步开展工作的意见三个部分。由于报告类型不同,正文中报告事项的内容侧重点也不同。工作报告在总结情况的基础上,重点提出下一步工作的安排意见,大多都采用序号、小标题区分层次。答复报告则是根据真实、全面的情况,按照上级机关的询问和要求回答问题,陈述理由。

③结语。报告的结语比较简单,一般都有不同的程式化用语,另起段来写。工作报告和情况报告的结束语常用"特此报告",答复报告多用"专此报告",报送报告则用"请审阅""请收阅"等。

（3）落款

写发文机关和发文时间。

范文2.9

### 关于123次火车颠覆事故的报告

铁路局党委:

2007年3月5日本次火车从商州开往下州,在经过120千米处的山下村道口处时,一个村民拉着马车过道口强行穿过,司机在100米处看到此景,急忙拉响汽笛,马受到笛声的惊吓,站在轨道上不走,由于火车的惯性,在撞倒马车后中间三节车厢因脱轨发生颠覆,造成了马车夫及乘客5人当场死亡,130人受伤。事故发生后,我们很快拨打了120救治伤员,成立了事故处理小组,及时向上级领导汇报情况,妥善地安顿其他旅客。在5小时后把其余旅客安全送到目的地。

本次事故是由于村民的马车在过道口强行通过而造成的,他应该负全责,但因本人在这次事故中丧生,不追究责任。通过这件事,我们希望局党委考虑在该处设立专人值班制度,并且向周围的村民宣传铁路安全法,以保证铁路的畅通和人们的生命财产安全,防止类似事故再次发生。

特此报告

*123次列车处理事故小组*

*年　月　日*

**4)报告写作注意事项**

①情况要真实。报告所反映的问题、汇报的情况必须实事求是,典型事例和统计的数据要十分精确。

②重点要突出。各类报告的内容要重难点突出。有的报告一事一报,围绕一项工作、一个问题陈述。综合报告要求主次分明、简繁适度、有点有面、重点突出。

③报告要及时。向上级汇报工作、反映情况、提出建议或意见、答复上级机关的提问,一定要及时。如果时过境迁再向上级报告,就失去了报告的意义。

④陈述要有序。撰写报告要讲究陈述的有序性,做到有条理、层次清楚、逻辑严密、叙事简要,不讲空话、套话,不用曲笔。

⑤不得夹带请示事项。报告是属于陈述性公文,不要求上级回复,所以报告中不得夹带请示的事项。

**5)请示与报告的联系与区别**

(1)相同点

请示与报告都是上行文,格式上有共同之处。

(2)不同点

①目的不同。报告一般是下情上达,不要求上级给予答复;请示是请求性公文,它一定要求上级机关批复。

②时间不同。请示不允许"先斩后奏",必须在行动之前先行文;报告时间较为灵活,在事前、事中、事后都可以行文。

③表述的要求不同。报告是陈述工作情况,提出意见或建议,涉及内容较为广泛,可以一文一事,也可以一文数事,篇幅较长,报告中不能夹带请示事项;请示要求一文一事,行文也较短。

④结尾用语表述不同。报告结语:特此报告;请示结语:以上请示当否,请批复,等等。

⑤报告一般不用发文字号;请示一般都有发文字号和签发人。

## 2.6.2 函

函是不相隶属机关之间商洽工作、询问和答复问题、请求批准和答复审批事项时使用的平行公文。

### 1)函的特点

(1)内容广泛

函的使用范围较广,使用频率较高,适用于不相隶属机关之间商洽工作、询问和答复问题、请求批准和答复审批事项等情况。

(2)简便迅速

函的内容简捷,形式精短,在联系有关事项时十分简便和迅速。

(3)语言质朴自然

函的语言大多是陈述性、说明性的,质朴、平易、明白,语气恳切平和,没有强制性。

### 2)函的分类

(1)按发文目的

按发文目的函可分为发函和复函两种。发函即主动提出事项所发出的函。复函则是为回复对方所发出的函。

(2)按发文内容

①商洽函。商洽函是不相隶属机关之间商洽工作,联系参观、学习,邀请讲学或业务指导,干部、人员调动时使用的函。

②询问函。询问函是不相隶属机关、单位之间询问事宜、商洽问题时使用的函。如《某旅游集团公司关于委托省旅游学校举办管理人员培训班的函》。

③答复函。答复函是不相隶属机关对所询问的问题作出解释答复时使用的函。如《省旅游学校关于某旅游集团公司委托举办管理人员培训班的复函》。

④请求批准函。请求批准函用于不相隶属机关之间请求批准某种事项时使用的函。

⑤告知函。告知函也称通报函,是将某一活动或事项告知对方,类似于知照性通知,由于没有隶属关系,用"通知"不妥,所以用"函"。

### 3)函的写作方法

(1)标题

公函的标题一般有两种形式:一种是由发文机关名称、事由和文种构成;另一种是由事由和文种构成。

(2)主送机关

主送机关即受文并办理来函事项的机关单位,于文首顶格写明全称或者规范化简称,其后用冒号。

（3）正文

正文其结构一般由开头、主体、结尾、结语等部分组成。

①开头。主要说明发函的缘由。一般要求概括交代发函的目的、根据、原因等内容，然后用"现将有关问题说明如下"或"现将有关事项函复如下"等过渡语转入下文。复函的缘由部分，一般首先引用来文的标题、发文字号，然后再交代根据，以说明发文的缘由。

②主体。这是函的核心部分，主要说明致函事项。其内容单一，一函一事。行文要直陈其事，无论是商洽工作，询问和答复问题，还是向有关主管部门请求批准事项等，都要用简洁得体的语言把需要告诉对方的问题、意见写清楚。如果属于复函，还要注意答复事项的针对性和明确性。

③结尾。一般用礼貌性语言向对方提出希望，请对方协助解决某一问题，请对方及时复函，或请对方提出意见或请主管部门批准等。

（4）结语

通常应根据询问函、告知函、商洽函事项，选择运用不同的结束语。如"特此函询""请即复函""特此函告""特此函复"等。有的函也可以不用结束语，如属便函，可以像普通信件一样，使用"此致敬礼"。

（5）落款

落款一般包括署名和成文时间两项内容。要署名机关单位名称，写明成文时间，并加盖公章。

**范文 2.10**

**××市旅游管理公司**
**关于 2013 年管理费列支办法的函**

××市财政局：

遵循××市财政局《关于印发税前扣除××市国有企业上交主管部门管理费用的审批管理办法的通知》××财税〔2002〕12 号文件的精神，根据我公司的管理情况，我们拟订了《关于 2013 年管理费列支办法》，请求按此办法对所属公司在其销售收入的 2% 的范围内收取管理费，并在上交企业所得税前扣除。

特此致函

请复函

附件：××××××

××市旅游管理公司

年　月　日

### 4) 写作函的注意事项

（1）文种的选用要正确

（2）内容要简洁

首先要注意行文简洁明确,用语把握分寸。无论是平行机关或者是隶属机关的行文,都要注意语气平和有礼。复函,则要注意行文的针对性,答复的明确性。

## 本章小结

本章阐述了公文的种类和使用范围,以及公文的法定效力和规范的体式。特别介绍了公告、通告、事务性通知、通报、请示、批复、报告、函等常用公文的写作方法、格式和要求,通过范文的介绍,使学生能基本掌握行政公文在日常工作中的使用方法,以及公文在公务活动中的重要作用,强调在公文写作中的注意事项。

## 本章自测

1. 简答:

（1）公告和通告的区别。

（2）通知和通报的区别。

（3）请示和报告的区别。

（4）函的主要种类有哪些?

（5）报告写作应注意的事项 。

（6）公文的特点。

2. 根据以下内容提示,拟写公文标题。

（1）××学院就旅游管理专业学生×××考试作弊给予警告处分一事发个文件,使全校师生周知。

（2）某省人民政府发文,要求所属单位认真贯彻执行国务院关于做好粮食收购工作的指示,以保持市场的稳定。

（3）某旅游局为申请举办××培训班经费,特向该县财政局制发文件。

（4）国家旅游局就当前旅游工作的现状、存在的问题和对如何进一步做好工作提出具体建议等内容向国务院行文。

（5）南天酒店因业务正扩大,打算购买一台九座的面包车,须向董事会请求批准,请代拟一份公文标题。

3. 将下面这条消息改写为表彰性通报。

本报讯:5月28日下午,共青团××省委在 ××大会堂召开大会,宣读共青团××省委决定,授予为抢救落水小学生而英勇牺牲的陈坚同志为"优秀共青团员"称号。

陈坚同志生前是××旅行社职工,刚满22周岁。2013年5月2日,陈坚看见4名小学生在河边玩耍,忽然有一人不慎落入水中,陈坚当即跳下水去营救,落水学生被救了,而他却失去了宝贵的生命。

团省委副书记等领导在讲话中号召全省青少年向陈坚同志学习,做一个有理想、有道德、无私无畏的好公民。

4.认真阅读下面这则会议通知,对照会议通知的写作要求,指出问题,最后将它修改成清楚具体、简洁明了的会议通知。

### 关于召开布置开展饭店服务技能竞赛会议的通知

省旅游局、省旅游学校、饭店各部门:

为了贯彻上级精神,董事长研究决定在饭店内部开展一次服务技能活动。现在把会议有关问题通告如下:

一、会议时间:10月4—8日。

二、会议地点:饭店13楼。

三、与会人员:旅游局局长、旅游校长、董事会成员、各部门领班、主管、经理等。

四、请各单位准备参加竞赛活动的经验材料,交给会务组。请与会人员于10月4日前报到。

××酒店人事培训部

提示:

(1)标题有什么问题?

(2)主送机关有什么原则性的错误?

(3)通知缘由部分缺少了会议事项中的什么内容?语言方面存在什么问题?

(4)与会人员的表述有什么不当之处?

(5)要求所带材料是否合理?

(6)报到时间的写法是否正确、规范?

5.把下列文字按照标准的公文格式填写。

××省旅游局文件 ××旅发〔2013〕45号 关于黄金周期间景区、景点安全问题的通知 各市、自治州旅游局、直属机关、旅行社、饭店 正文 ××省旅游局 二○○七年九月二十日 主题词:×× ×× ×× 抄送 抄报 抄发

# 第 3 章
# 旅游日常事务应用文的写作方法

**【本章导读】**

旅游日常事务文书是指旅游单位或个人在日常工作、学习和生活中处理各种事务而使用的应用文。日常事务文书涉及面广，文种较多，包括有书信、条据、启事、计划、总结、会议记录等。它的价值体现在实用性上，同时，它的语言不同于行政公文，比较灵活，只要简明、质朴、表述清楚就行。

**【关键词】**

事务　书信　条据　启事　计划　总结　格式　写作

**【案例导入】**

广州某酒店为了在公众中扩大知名度，塑造良好的形象，与市妇联联合举办了一次"母亲节征文比赛和表彰模范母亲"的公共关系活动。内容之一是每个区选出 5 位模范母亲给予表彰。内容之二是向全市小学六年级学生征集歌颂母亲的作文。从这次活动可以看到，酒店的发展需要公众的认可和参与，需要酒店精心的安排和布置，而这些都离不开组织者完整周密的书面实施方案。

由此可见，一次活动的成功举办，离不开周密而详尽的计划，同时，还涉及不同的文种，如计划、总结、邀请信等。能否做好工作，保障事情的顺畅进行，取决于我们是否熟练掌握这些文种的格式、写法，是否做到心中有数。

## 3.1　专用书信的种类及写作方法

专用书信是指用于某种特定的场合、针对某种特定的事务所写的书信。专用书信有许多不同的种类，如咨询信、答复信、求职信、推荐信、邀请信等。这些不同种类的书信，各有各的用途，在不同场合、针对不同对象，在写法上就有不同的格式和要求。

### 3.1.1　咨询信　邀请信　答复信

**1）咨询信**

咨询信的主要目的是有问题、疑难时向了解或能解疑的部门写咨询信。咨询信的对象可以是单位,也可以是个人。其内容应先说明背景、因由,最后期望对方答复。写这类书信时应注意礼节,切不可使用带有生硬或命令口吻的词句,也不可把别人的帮助视为理所当然。具体写作步骤:

开头:简单叙述,说明写信的目的、意图,明确寻求什么样的信息。

主体:询问具体内容。

结尾:表明急切获取信息的心情,提供联系方式,以便收信人与你联系,对收信人给予的任何帮助都要表示感谢。

范文 3.1

#### 咨询信

阳光旅行社:

我们全家 5 人一行初步打算在 6 月初去圣地亚哥度假。贵社是否有 158 美金双飞旅行套餐,包括在光辉酒店 4 天 3 夜的住宿费及一天的不限里程的租车服务? 在旅游过程中自助游的项目是否有时间限制,有多少项? 整个收费是否还可以商量? 希望能够尽快收到贵社的回复,并表示感谢。

联系电话:×××××××

联系地址:××××××××××

黛安娜·摩尔

年　月　日

范文 3.2

周晓律师:

现在国家《旅游法》尚未颁布,旅游活动中的人身保险官司如何处理? 我在旅游中因车祸受伤,旅行社、运输公司相互推诿,我应依照哪些法律、法规,讨回公道和损失? 恳请赐教。谢谢!

联系电话:××××××××

联系地址:×××××××××××

李　信

年　月　日

**2）邀请信**

在日常工作生活中,常常会邀请有关朋友或合作伙伴参加宴会、酒会、茶话会或其他活动,在比较正式的场合,则需要发邀请信。邀请信同会议通知有相同的地方,特别是学术邀请信,涉及会议的议题、地点、时间、有关活动、注意事项、具体要求等方面,都要一一写明。

（1）邀请信的作用

①是对被邀请者表示尊重,表明邀请者的郑重态度。

②是用做参加活动的凭证。

（2）邀请信的特点

①以书面形式邀请别人参加某项活动,类似入场券的凭证作用。

②使用范围较广,大到邀请国家元首、政府首脑,小到参加一次座谈会、作一次报告。

③邀请信多是集体用,内容比较复杂。

（3）邀请信的写作方法

邀请信一般由名称、称谓、问候语、正文、信末问候语、署名、日期等组成。

①名称。名称写在邀请信首页上端居中。

②称谓。开头顶格书写被邀请人的姓名或单位名称。个人姓名后应加上"先生""女士""经理"等相应的称呼。

③正文。主要说明邀请的原因和活动的内容,介绍活动安排的细节,并提出邀请。

④信末问候语。正文结束后,在正文左下方另行空两格写上问候语。

⑤署名、日期。在邀请信末尾右下方适当位置写上邀请单位名称或个人姓名,签上日期。

**范文 3.3**

**《旅游学刊》编辑部关于第五届**
**"旅游科学理论与实践学术研讨会"的邀请信**

王一先生:

您好!

前几年,为了促进我国旅游事业的发展,《旅游学刊》编辑部曾连续召开了四届"旅游科学理论与实践学术研讨会"。由于全国专家学者和实际工作者的积极响应,旅游主管部门的热情支持,加之全国十家大众媒体的大力宣传,会议发挥了相当大的作用,为我国旅游事业和旅游科学发展做了一些有益的工作。

为此,今年本刊编辑部将与北京旅游学会共同发起并组织召开第五届"旅游科学理论与实践全国学术研讨会",特邀你参加会议。这次研讨会将把市场竞争的相关问题作为会议的主要论题。

现将会议有关事项告知如下:

一、会议时间:2013 年 8 月 16—20 日

二、会议地点:北京长城饭店

三、会议议题:

1.关于我国旅游业当前竞争现状的调查分析

2.关于市场经济中我国旅游业竞争走势的预测

3.关于旅游企业竞争策略的探索

4.竞争与协同的关系的研究,反不正当竞争的研究

5.有关海外旅游业的竞争现状、竞争理论及旅游行业协会工作等评述

四、费用:食宿费用自理。

五、请注明拟参会论文题目,并附 500 字左右的论文提要。

六、来函请寄:北京朝阳区北四环东路 99 号《旅游学刊》杂志社。

第五届学术研讨会筹备处

年 月 日

## 3)答复信

答复信是对于别人的邀请、咨询,以及对别人的意见作出反应。答复信的基本要求是要及时、有礼貌地答复,明确地说明接受还是不接受。复信时应重复写上邀请信的某些内容,以免弄错。总之,答复信的针对性较强。

**范文 3.4**

黛安娜·摩尔女士:

来函收到,感谢您对我社的信任与支持。我社近期拟推出有 158 美金圣地亚哥双飞专项旅游,包括在光辉酒店 4 天 3 夜的住宿费及一天的不限里程的租车服务。收费标准不变,现已拟订出旅游日程价目表,先附上,请参考。今年到此地旅游人数虽多,但我社有能力接待,请放心。

附:活动日程、报价表格一张。

阳光旅行社

年 月 日

**范文 3.5**

李先生:

您好,来信收悉。对您的遭遇表示同情,您提的问题有一定的普遍性。建议

您向国家或地方旅游政策法规部门、工商部门或消费者协会投诉。

特此奉复

周　晓

年　月　日

写答复信应注意的事项：

①要有的放矢、有针对性，来信问什么问题，就回答什么问题，不要节外生枝。

②要具体明确，能回答则明确答复，无法回答可以说明，避免误导。

③要符合国家的法律和大政方针，回答问题要有依据。

## 3.1.2　求职信　求职简历　自我鉴定

### 1）求职信

求职信是求职者写给招聘单位的信函。它与普通的信函没有多少区别，但它与私人信件和公文函件还是不一样。求职信包括两种：

一是自荐信。主动向应聘单位介绍自己的情况，通过自我推荐来申请某种职位的信。

二是应聘信。根据对方的招聘广告，应聘其中某一职位的书面申请。

两类求职信的最终目的是让对方录用自己，在撰写时要突出它的自荐性。任何求职者，要自己谋求职业，在用人单位对你一无所知的情况下，就要靠你的求职信把自己的基本情况，尤其是在某一方面的专长、优势以及设想如实地写出来，设法让用人单位了解自己，争取以自己的特长吸引用人单位，博得对方的好感。

（1）求职信的作用

首先，让用人单位了解求职者的能力、学识、意愿等。

其次，产生兴趣。你的材料具有吸引力，用人单位认同你适合应聘职位。

最后，具有独特性。求职信因职位的不同有不同的写法。

（2）求职信的格式和写作方法

①称呼。称呼包括收信人的姓名、称谓或职务。

②正文。开头应有一句引言，写明应聘信息的来源。重点要描述对该职位的理解和感兴趣的原因，接着陈述应聘的理由。要言之有据，突出个人最具说服力的部分。

③结尾。表明自己的诚意，并对招聘单位表示感谢，提出希望。

④落款。写上签名和日期。

范文 3.6

求职信

尊敬的领导：

您好！感谢您在百忙之中审阅我的自荐书。我叫杨欣，身高 1.65 米，是××省旅游学校的应届毕业生，得知贵单位发展前景广阔，故毛遂自荐。

在校 3 年期间，我主修饭店服务与管理专业，刻苦学习了这个专业的理论知识，对这个专业有深入的了解，具备了该方面的基本知识和较强的动手能力。特别是在一年的实习中，能熟练运用所学知识提高工作效率，得到酒店领导和员工的好评，被评为最佳"微笑服务员"和"优秀实习生"。

在校期间，我一直担任学生会干部，工作认真负责，学习成绩优秀，多次被评为优秀学生会干部、优秀团干、个人标兵等。课余时间，我参加了学校青年自愿者协会，并参与客房、餐饮代表队的技能培训活动，受到了老师的好评。

丰富多彩的社会生活和井然有序而又紧张的学习气氛，使我得到多方面不同程度的锻炼和考验，沉着和冷静是我遇事的态度，爱好广泛使我非常充实，从众多的朋友中获得的知识使我倍感富有！强烈的事业心和责任感使我能够面对任何困难和挑战。

我热忱地期待得到您的垂青和接纳。我希望到贵酒店的前厅部担任接待员，如被贵酒店录用，我将不负厚望，尽最大忠诚与努力，以谦逊而自信的态度在酒店步步实干，点滴积累，进一步充实自己，切实为酒店的发展作出贡献，共创辉煌未来！

联系地址：××省旅游学校

联系电话：××××××××

此致

敬礼！

求职人：杨欣

年　月　日

(3)求职信写作注意事项

①态度诚恳，用语得当，突出过去的成就，这是最有力的证据，很有说服力。

②有针对性，事先应对单位及所聘职位有所了解。

③实事求是，言之有物。突出优点，必须客观而实在，不可夸夸其谈。

④富有个性，不落俗套。不要写对申请职位无用的东西。

**2）求职简历**

求职简历一般是表格的形式，也可以是其他形式。求职简历一般应包括以下几个方面的内容：

①个人资料。姓名、性别、出生年月、家庭住址、政治面貌、婚姻状况、身体状况、兴趣、爱好、性格等。

②学业有关的内容。就读学校、所学专业、学位、外语及计算机掌握程度等。

③本人经历。入学以来的简单经历、主要担任社会工作或加入党团等方面的情况。

④所获荣誉。三好学生、优秀团员、优秀学生干部等。

⑤个人特长。如计算机、外语、文艺体育等。

范文 3.7

**毕业生求职简历**

姓名：杨欣　性别：女　身高：1.65 米　出生年月：1994 年 5 月 16 日

民族：汉族　籍贯：四川××　　　　政治面貌：团员

学历：中专　毕业学校：××省旅游学校

所学专业：饭店服务与管理　　　兴趣爱好：电脑软件制作、看书、画画

联系方式：×××××××××××

教育背景：

2008 年 9 月至 2011 年 6 月就读于××中学

2011 年 9 月至 2013 年 6 月就读于××省旅游学校

工作经历：

2012 年 1 月至 2013 年 1 月在上海××酒店实习

主修课程：

饭店英语　饭店餐饮服务与管理　饭店客房服务与管理

饭店公共关系学　饭店前厅服务与管理　饭店市场营销

外语水平：

会日语日常用语，工作中能用较流利的英语和粤语同客人交流，能阅读英语业务书。

计算机水平：

能熟练操作 Word，Excel，PowerPoint 办公系统。每分钟打字 90 个左右。

相关证书：

省级英语二、三级证书　全国计算机一级证书　国家普通话二级甲等证书

国家高级营养师资格证书　客房中级服务员证书　餐饮中级服务员证书

所获奖励：

学习进步奖　优秀学生　优秀团员　优秀团干　多次获得奖学金

学校英语演讲比赛第二名

实习期间被评为"优秀员工""优秀实习生"

自我评价：

勤奋上进、吃苦耐劳、工作主动热情、懂得换位思考

自荐人：杨欣

年　月　日

### 3）自我鉴定

自我鉴定是对自己某一阶段内的政治思想、工作业务、学习生活等方面情况进行评价而形成的书面文字。

（1）自我鉴定的特点

篇幅短小，语言概括、简洁、扼要，具有评语和结论性质。

（2）自我鉴定的作用

首先，总结以往思想、工作、学习情况，展望未来，发扬成绩，克服不足，指导今后工作；其次，帮助领导、组织、评委了解自己，以便今后提高工作效率或者促进学习进步，为入党、入团做好材料准备工作；最后，重要的自我鉴定将成为个人历史生活中一个阶段的小结，具有史料价值，将被收入个人档案。

（3）自我鉴定的写作格式

自我鉴定由标题、正文和落款三部分构成。

①标题。自我鉴定的标题可以由内容加文种构成，如《实习鉴定》。如果是写自我鉴定表格，则不写标题。

②正文。自我鉴定的正文，可用一段式，也可用多段式，要实事求是，条理清晰，用语准确。常用的正文由前言、优点、缺点、今后打算四部分构成。

a.前言。概括全文，常用"本学年个人优缺点如下""本期业务培训结束了，为发扬成绩，克服不足，以利今后工作学习，特自我鉴定如下"等习惯用语引出正文主要内容。

b.优点。一般习惯按政治思想表现、业务工作、学习等方面的内容逐一写出自己的长处。

c.缺点。一般习惯从主要缺点写到次要问题；或只写主要的，次要的一笔带过。

d.今后打算。用简洁明了的语言概括今后的打算，表明态度，如："今后我一定×××，争取进步"等。

③落款。在右下方署明鉴定人姓名,并在下面注明年月日。

范文3.8

## 实习鉴定

实习马上就要结束了,在酒店实习的短短几个月,改变了我的一些观念和坏习气,我想留下来的原因也在于此。

离实习结束的日子越来越近了,记得刚到酒店时,就觉得时间过得很慢。我每天都在计算时间,感到过得很枯燥,对任何事情都没有兴趣。越想让时间过得快一点,越有一种度日如年的感觉。现在随着时间的推移,不管在工作上还是在生活上,我都渐渐地适应了,从一个什么都不会的学生变成了一名熟练的酒店服务员,特别是懂得了做人的道理。我改变了很多,渐渐地变得成熟起来,我现在才知道环境能改变人的道理。我这一生能够转变,首先要感谢在酒店的几个月实习机会。在这里我学到了许多书本上没有的知识,在这里经受的各种打击和锻炼使我终生都不能忘记,现在我变得比过去冷静和沉稳。由于我的转变,酒店的领导和同事对我的看法也在改变,不像开始那样冷淡。我永远也忘不了在酒店实习的日日夜夜,并希望自己能够留在酒店,为酒店的发展作出自己的贡献。

李××

年　月　日

范文3.9

## 自我鉴定

回首3年的中专校园生活和社会实践活动,我有渴望、有追求、有成功也有失败。我孜孜不倦,不断地挑战自我,充实自己,为实现人生的价值打下坚实的基础。

在思想品德上,我有良好的道德修养,并有坚定的政治方向,积极地向党组织靠拢,还参加了学校组织的本年度入党积极分子培训班,并获得了结业证书。本人遵纪守法、爱护公共财产、关心和帮助他人,并以务实求真的精神热心参与学校的公益宣传和爱国活动。

在学习上,我热爱自己的专业,还利用课余时间专修计算机专业知识,这使我能轻松操作各种网络和办公软件。我曾获过三等奖学金,在书法和体育运动中都获得过好成绩,在英语、电脑、普通话等方面的等级考试均已达标。除了在专业知识方面精益求精外,平时我还注重阅读和积累中外旅游发展的最新知识,并参加学校组织的各项社会实践活动,把课堂的理论知识和实践活动相结合,最大限度提高自己的专业技能和管理企业的能力。

在生活上,我最大的特点是诚实守信、热心待人、勇于挑战自我、时间观念强、有着良好的生活习惯和正派作风。由于平易近人、待人友好,所以我一直以来与人相处甚是融洽,连续担任了学校学生会秘书长一职。

在工作上,我对工作热情、任劳任怨、责任心强,具有良好的组织交际能力,和同学团结一致。此外,还注重社会实践,本着学以致用、实践结合理论的原则不断提升自己的能力。在3年的暑假期间,我均到本市的酒店、旅行社参加社会实践,在工作中受到了上级领导的好评。

通过3年的学生生活,我的知识水平、思想境界、工作能力等方面都迈上了一个新的台阶。在这即将挥手告别美好的学生生活、踏上社会征途的时候,我整装待发,将以饱满的热情、坚定的信心、高度的责任感去迎接新的挑战,攀登新的高峰。

×××

年 月 日

# 3.2 条据的种类及写作方法

条据是人们在日常生活和学习中,为说明某个问题或者作为凭据出具给对方的简便纸条。根据性质和功能,可将条据分为两类:一类是说明性条据,如请假条、留言条等;另一类是凭证性条据,如借条、收条等。

## 3.2.1 条据的性质、特点、作用

### 1)条据的性质

条据是指人们在工作、生活中处理日常事务而使用并具有凭证作用的便条,也是旅游行业日常工作往来中广泛使用而又简便的应用文体。

### 2)条据的特点

①事务性。条据是人们日常事务交往中常见的简便字条。

②说明性。主要用来说明某些事情。

③凭证性。条据不宜涂改,做事后的凭证。如需改动,应在涂改处加盖责任人的印章。

④便利性。条据简便易行。

**3）条据的作用**

①方便人们快捷高效地处理日常事物。

②可以作为凭证,有利于人们的交往。

## 3.2.2 说明性条据、凭证性条据

**1）说明性条据的格式**

说明性条据由标题、称呼、正文、落款四个部分组成。

①标题。请假条要有标题;留言条和委托条可写标题,也可不写标题。

②称呼。和书信的格式一样,顶格书写称呼。

③正文。要写清楚事由和要求,语言简洁、明了。

④落款。在正文右下方署名和日期。

范文3.10

**请假条**

王老师:

我因患重感冒,不能到校上课,故请假一天。

请予批准。

学生×××

年 月 日

范文3.11

**留言条**

小王:

今天上午我来找你,你不在。我想借你的《旅游文化》一书,今晚7点再来,请在家等我。

谢谢!

×××

即日9点

范文3.12

**委托条**

学校学生处:

我是本校毕业生杨欣,现在外地实习,不能返回学校,现委托王一同学到校

代领本人毕业证。(附身份证、学生证各一份,毕业证工本费40元)

　　谢谢!

杨 欣

年 月 日

**2)说明性条据的写作要求**

　　①请假条正文应写明请假的原因、期限和请求,正文末要写上"特此请假"或"请予批准"等习惯用语。病假条还应附上医院证明。语言表达要简练得体,态度不能生硬。

　　②留言条要把想告诉对方的事情以及有关的时间、地点交代清楚。日期只写年月日,同时应注明具体的时间。

　　③委托条除用语要求简明外,还要委婉。

**3)凭证性条据的格式和写法**

　　(1)凭证性条据的格式

　　凭证性条据由标题、正文、落款三个部分组成。

　　①标题。凭证性条据因其性质和种类,在每张单据上应标明名称,如"借条""收条""领条""欠条"等。

　　②正文。凭证性条据不用写称呼,直接写正文。正文要写明事由或事实,财物的具体名称、数量。如果是借条或欠条,还应写上还款日期、方式、利息支付等事项。正文结束,还应写上"此据",一般另起一行空两格写。

　　③落款。在正文的右下方签上立字据人的姓名、日期。在签名时应在姓名前写上"借款人""欠款人""领款人"等名称,有的还写上单位名称。一般单位立的字据都要加盖公章。重要的字据,私人的应加盖印章。

　　范文3.13

**借条**

　　今借到财务科人民币捌佰元整,作为出差费用,返校后按规定报销,多退少补。

　　此据

借款人:×××

年 月 日

范文 3.14

**收条**

今收到客房部送来的床单150条整(壹百伍拾条)。

此据

收货人：×××

年　月　日

范文 3.15

**欠条**

原借××人民币壹仟元整,今归还陆佰元整,尚欠肆佰元整,一个月内还清。

此据

欠款人：×××

年　月　日

范文 3.16

**领条**

今领到××酒店工作服叁拾套整,毛巾贰拾条整。

此据

餐饮部：×××

年　月　日

(2)凭证性条据的写作要求

①字迹要清楚,标点符号要正确。

②数字要用大写。数字前不要留空白,数字后要标明单位名称,如“元”“套”等,然后写上“整”字。钱的数目后还应写上币种,如“人民币”“美元”等。

# 3.3　启事的种类及写作方法

启事是告知、陈述的意思,是单位或者个人因有事向社会告知希望得到人们的帮助时使用的一种日常应用文。根据性质和功能可以将启事分为三类,即告知类、征召类、寻求类等。

### 3.3.1 启事的性质、特点和作用

启事是机关、企事业单位或个人有事需要向公众说明或请求予以帮助时所写的一种应用文。"启"是陈述的意思,启事就是公开陈述事情,以达到告知、说明、请求公众帮助的目的。

**1)启事的特点**

①广泛性。启事的内容很多,涉及的范围广,公事和私事都可作为内容,其公布范围较广泛。可以张贴,也可通过新闻媒体告知。

②陈述性。启事是面向公众陈述事实,强调事情的真实性。

③回应性。启事要求通过告知得到公众的积极回应或参与。

④自主性。启事不具有强制性和约束力,公众的参与与否,取决于自己。

**2)启事的作用**

作为一种应用文体,启事是单位或个人需要向公众陈述、说明某件事件,让公众明白、了解,或是希望有关方面、有关人士能参与某一事项,常以简洁的文字张贴在户外或刊登在报刊、杂志之上。启事的主要作用是:

①传递信息,起到与公众沟通的桥梁作用。

②寻求帮助,能够得到社会和公众的支持与协作。

### 3.3.2 旅游业常用启事的分类与写作方法

**1)启事的分类**

启事按性质和用途可以分为四类:

①周知类启事。这是指有事要向社会宣布或告知,并希望引起人们注意所发出的启事。如开业启事、迁址启事、更名启事、鸣谢启事等。

②声明类启事。这是指有一些特别重要的事情要提醒公众注意,以便提高警惕,避免损失。如遗失声明、更正启事,以及各种声明性质的启事等。

③征召类启事。这是指出于某种需要,请求别人帮助和关照时所发出的启事。如征集、征订、征稿、征婚、招租、招聘、招商等启事。

④寻找类启事。这是指因丢失物品或有人走失所写的启事。如寻人启事、寻物启事等。

### 2）启事的格式和写法

启事由标题、正文、落款三个部分组成。

①标题。启事的标题有多种写法：一是只有文种，如"启事"；二是由事由和文种组成，如"开业启事""遗失声明"；三是只有事由，没有文种，如"招租""征婚"等；四是其他形式，如表诚意，在标题前加敬词"诚聘""诚招"，重要或紧迫的事项，标题前加上"重要""紧急"等词，如"紧急启事""重要启事"等。

②正文。由于启事的种类繁多，内容也就不尽相同。一般而言，启事的正文要说明启事的目的或原因、具体的事项和要求、联系地址和方法。如"寻人启事"应写清被寻找人的基本情况和基本特征（走失时间、地点、姓名、性别、籍贯、年龄、长相、穿着、口音），联系方式和地址。而招聘启事，正文需写明招聘的缘由、工种或岗位、条件、人数、要求以及应聘的方法、联系地址等。总之，启事的正文要根据不同的种类来安排，内容要具体、明确。

③落款。在正文右下角写上启事的作者和日期。如标题中已写明作者，可省略。刊登在媒体上的启事，往往省略成文日期。

范文 3.17

#### 招聘启事

东方酒店管理公司因业务发展，拟招聘从事餐厅、酒楼服务工作的餐厅经理、领班、领位员、服务员、收银员若干名；人事主管一名。具体要求如下：

1. 餐厅副经理：女性，30 岁以下，大专以上学历，5 年以上从事本岗位工作经验。

2. 人事主管：男女不限，大专以上学历，熟知国家有关政策法律。

3. 领班、领位、服务员：高中以上学历，23 岁以下。

4. 女性：领班、领位员身高 1.65 米以上；收银员、服务员身高 1.62 米以上，身材相貌较好。

5. 男性：身高 1.75 米以上，相貌端正。

有 3 年以上工作经验者优先，一经录用待遇从优。有意者请携带个人简历、照片、学历证明于本月 3—8 日到本市小南街 23 号东方酒店 203 室面试。联系电话：69999999。

东方酒店管理公司

年　月　日

范文 3.18

### 更名启事

经×××批准,原"中信旅游开发公司"改名为"中信旅游贸易公司"。自×年×月×日起启用新名称公章,原来的名称及各种印章作废。此前签订的合同、协议及往来账务继续有效。

中信旅游贸易公司<br>年　月　日

范文 3.19

### 开业启事

本公司系专门经营饭店、宾馆厨房用品的公司,备有中西餐所用的金银制品、不锈钢制品、玻璃制品、陶瓷制品、木制品、塑料制品等,一应俱全。全部产品经国家质量监测部门验证。本公司将热诚为旅游饭店、宾馆服务,欢迎惠顾。

地址:滨江路 54 号

电话:×××××××

总经理:×××<br>年　月　日

范文 3.20

### 鸣谢启事

在本店开业 3 周年店庆之际,承蒙上级领导以及各饭店、旅行社、交通管理公司的支持,对各部门前来祝贺、发来贺电、贺信表示诚挚的感谢。

阳光饭店<br>年　月　日

范文 3.21

### 北京天马旅行社迁址启事

因本社业务扩大的需要,于 2013 年 3 月 8 日迁入新址办公。地址:北京市劳动人民文化宫东大殿。电话:××××××××　　传真:××××××××

邮编:100030

北京天马旅行社<br>年　月　日

范文 3.22

### 招领启事

本饭店员工拾到背包一个,内有皮夹一个,人民币若干,衣物若干件,月票卡一张。望失主带上相关证件前来认领。

联系电话：××××××××
联系人：×××
联系地点：饭店保卫科

光辉饭店保卫科

年　月　日

**3）启事的写作要求**

①内容要真实。启事中所说的内容一定要实事求是。

②事情要单一。启事应做到一事一启，不能将几件事放在一起。

③语言要简洁。启事行文简洁、质朴，表意准确。

# 3.4　旅游常见应用文的种类及写作方法

旅游常见应用文主要是旅游经营者为反映事实、解决问题而使用的应用文。在旅游活动中，常见的应用文主要发挥着上级指导下级工作，以及企业之间沟通信息的作用。常见应用文的种类主要有：计划、规章、总结等。

## 3.4.1　计划

**1）计划的概念**

计划是对未来一定时期内的工作或活动进行新的部署或安排的事务性文书，是对单位或个人在今后一段时间内的工作进行打算和安排。

计划所涉及的内容是尚未做的或尚未完成的事项，是为了完成这一事项的一种设想。计划是人类有意识地改造客观世界和改造主观世界的具体表现，是人类对客观事物发展规律的认识和利用。无论单位、集体或个人，无论做什么事情，都应事先有计划和安排，有明确的目的、具体步骤，使整个工作或活动有序有效地进行。

**2）计划的特点**

①预见性。"凡事预则立，不预则废"。事先做好预测和安排，是有序、高效开展工作，进行科学管理的重要措施和手段。

②可行性。计划是有关人员在执行计划、开展工作时的依据，制订者必须分析主、客观条件，对各种有利因素和不利因素进行研究和论证，然后，确定目标，

制订可行的措施,这样才能有效地指导工作,并逐步付诸实施。

③约束性。计划的制订体现了领导的意图和员工的意愿,反映本地区、本单位的实际情况,凝聚着集体的智慧和科学预见,因此有明显的约束性。

④具有弹性。计划制订应当备有多种方案以供选择,允许调整、变通和修正。

**3)计划的种类**

计划主要可以分为以下几种:

①按内容分为:工作计划、生产计划、科研计划、学习计划等。

②按区域分为:国家计划、地区计划、部门计划、单位计划、班组计划、个人计划等。

③按时限分为:长期计划(5年以上)、中期计划(3~5年)、短期计划(1年以内,包括年度计划、季度计划、学期计划、月份计划)等。

④按形式分为:条文式计划、表格式计划、文件式计划和混合式计划等。

⑤按性质分为:规划、纲要、安排、打算、方案、要点、工作布置、设想、意见等。

**4)计划的格式和写作方法**

计划由标题、正文、落款三个部分组成。

(1)标题

计划的标题一般有三种形式:

第一种形式,单位名称+时限+内容+计划种类,如《××饭店2013年工作计划》。

第二种形式,时限+内容+计划种类,如《2013年第一季度销售计划》。

第三种形式,单位名称+时限+内容+计划种类+成熟程度,如《××饭店2013年工作计划(征求意见稿)》。采用这种方式拟题,文末不用再签署具体单位名称。如果计划还不成熟,还须经有关人员讨论或上级研究批准,则要在标题的后面或下面注明"初稿""草案"等字样,以区别于正式计划。

(2)正文

正文是计划的主要内容,即说明"为什么做""做什么""怎么做"。具体可分为:

①前言。即"为什么做",写明基本情况和指导思想。一般用来说明制订计划的原因和依据。如简述前段工作概况,分析基本形式,表明目的和使命,说明上级机关的指示和要求,交代决策机构制订的总体目标。

②主体。解决"做什么"的问题,写明基本任务和具体项目。

③结尾。说明"怎么做"的问题,详细说明方法步骤和具体措施。计划还应写清怎样检查、考核及完成的时限,解决"做得怎样"的问题。

(3)落款

落款一般写明制订者的署名和日期。标题中已写清单位名称的,只写明日期即可。

范文3.23

### 新学期计划

又是一个新学期了,经过一年的学习,对于中专的学习我已经基本适应。在这一年的学习生活中,我也改掉了很多不好的习惯,收获最大的一点就是知道什么才算得上认真学习。

首先,我认为,学习中不可忽略的一点就是要学会分析自己的学习特点,像我理解能力还可以,老师讲的东西不是不懂,但却总出错,而且对于一些死记硬背才能学会的东西总觉得不耐烦。因此,在这点上,我希望自己能在新学期里更认真地对待学习,更有耐心。

其次,在学习中,确定学习目标也是很重要的。学习目标是我努力的方向,正确的学习目标更能催人奋进;反之,没有目标的学习,就是对时间的一种极大浪费。因此,我暂时的目标就是先进入全班前10名,而对于我较弱的英语我会努力,争取有所进步。

最后,也是最关键的一点,就是要科学安排时间。没有合理的安排,再好的计划也会付诸东流。因此,在新学期里,我要学会合理安排学习、娱乐、休息的时间,要把每一点一滴宝贵的时间都抓紧。

计划写完了,按照惯例,似乎还应该加上几句鼓励的话,那么,我就以一句话作为我学习计划的结尾:订了计划,就一定要实行。

李　正

年　月　日

范文3.24　表格式计划

### 某公司新年晚会活动计划

| 节　目 | 时　间 | 地　点 |
|---|---|---|
| 领导拜会 | 17:30—18:30 | 贵宾室(一层) |
| 中西自助餐 | 17:30—20:30 | 锦云厅(二层) |
| 水果自助餐 | 17:30—20:30 | 齐云堂(二十层) |
| 大堂音乐会 | 17:00 | 大堂(一层) |

续表

| 节　目 | 时　间 | 地　点 |
|---|---|---|
| 茶苑小憩 | 17:00 | 茶苑（一层） |
| 金曲荟萃 | 17:00—20:00 | 歌舞厅（二层） |
| 电影/卡拉 OK | 19:30—21:00 | 锦云厅（二层） |

**5）计划的写作要求**

①目的明确，内容具体。不论哪种类型的工作计划，都须做到有目标、有措施、有步骤。

②集思广益，实事求是。

③适应变化，切实可行。

## 3.4.2　规章

**1）规章的概念**

规章是章程、制度、规划、守则的总称。从应用文体的分类讲，规章不属于法定公文的范畴，但大部分规章又具有公文的作用，有人称之为非法定性公文，或准公文。因此，规章是为了规范人们的行为，根据国家的法律法规制定的具有权威性、强制性和约束力的应用文。

依据规章的性质和使用范围的不同，一般可将规章分为两大类：

（1）具有国家法律的权威性、强制性的行政法规

它是由国家机关，包括全国人大常委会、国务院、各省市自治区人大常委会和地方政府制定的。比如，《风景名胜区管理暂行条例》是国务院制发的；《旅游安全管理暂行办法》《饭店管理公司暂行办法》是由国家旅游局制发的；《青岛市旅游投诉规定》是由山东省青岛市人民政府制发的。

（2）不具有国家法律的权威性、强制性，但具有纪律约束性的规章

它是由党派、团体、企事业部门根据国家的政策法律制定的，适用于某一特定范围之内的卡项。比如《中国旅游协会章程》《中国旅游书画联谊会章程》《北京市中国旅行社社规》《保利大厦员工劳动考勤管理制度》等。

总之，在依法治国、加强社会主义法制建设当中，规章具有重大的作用。它是国家意志的体现，是国家方针、政策的体现，是国家机关、党派团体、企事业部

门管理工作中的重要工具。它有利于规范人们的社会行为,培养良好的道德品质和树立良好的社会风尚,保证社会生活健康有序地进行;有利于科学管理,使管理工作标准化、规范化,可以提高管理水平和工作效率;还是制止不正之风、纠正和防止人们犯错误的屏障,也是打击和惩办不法分子的有力武器。

我国的旅游事业起步较晚,加强法律法规建设对于保证旅游业健康有序地持续发展具有重要意义。

**2) 规章的特点**

规章属于说明性的实用文体,其特点主要表现在内容的法制性、形式的条款性和语言的严谨性。

(1) 内容的法制性

首先,规章是国家机关依法制定的实施法律的辅助工具。根据《中华人民共和国宪法》和有关法律的规定,国务院和国务院各部委制定行政法规和行政规章,省、自治区和直辖市人民代表大会和人民政府制定地方性法规,县以上人民代表大会和人民政府制定本地区的规章,人民团体、企事业单位制定本部门的规章制度。规章制定的程序充分体现了法制性。它是根据法律法规规定的权限制定的,体现了国家和制定者的意志,具有很强的法律权威性和强制性。

其次,规章是依据国家有关法律制定的,具有很强的法律效力和行政约束力。不论哪一级组织,哪一个团体或部门,规章制度一旦正式颁布,有关方面及有关人员都必须遵照执行,在规章制度面前人人平等,不能搞特殊化。如果违犯了法律性的法规,就要受到法律的制裁;如果违犯了纪律性的规章制度,则要受到纪律处分。

(2) 形式的条款性

规章制度为了实用,其内容的表述必须具有严密的逻辑性。规章制度必须便于记忆,便于引用,便于执行,而规章制度的内容往往又是前后关联、相互补充和渗透的,具有内在的逻辑关系。每一项规章制度的制定,都有明确的目的、法律依据、使用范围、具体要求、处罚办法等。在其内容的表述形式方面,一般都采用条款序列。

(3) 语言的严谨性

规章制度具有明确的针对性,它在一定范围之内是人们行为的规范,是判断是非的标准。其语言必须准确、严谨。所谓准确,就是对事物定性准确,概念的内涵与外延必须有科学明确的界定,也就是有准确的含义与质的规定性。在特定的语言环境中,一句话、一个词只有一种理解,不能有多种理解。所谓严谨,就是具有严密的逻辑性,条款与条款之间、句子与句子之间,相互关联,相互补充,

相互渗透,没有矛盾,没有继漏,使遵纪守法者感到界线分明,行为有据可依;对行为不轨者,则有一定防范作用。若其故意违犯,也不能让其有机可乘。

### 3) 规章的写作方法

规章制度种类较多,适用范围、规范的对象、具体内容和作用各不相同,但它们的结构内容和写作方法基本上是一致的,一般由标题、正文、制定单位名称、日期、附文构成。

（1）标题

标题是规章制度的名称,标明规章制度的性质和适用范围。常用的有两种形式:一是完全式标题,由制发单位名称、事由和文种三要素构成,比如《中华人民共和国旅游涉外饭店星级标准》;二是不完全式标题,由事由和文种构成,比如《旅行社管理暂行条例》《关于旅游企业岗位培训的试行规定》。如果制发的规章制度尚不成熟,可在标题中写明是"暂行""试行"或"草案",表明有待今后修订。

（2）正文

正文的内容一般包括序言、主体、附则三部分。

①序言。序言也称总则,或总纲,主要说明本规章的宗旨、根据、性质、任务及基本原则,简明、概括,有提纲挈领的作用。

比如《中国民航有关规定》第一条就是"旅客购票、乘机证件";《外国旅游者办理海关手续须知》也是省略序言,开宗明义,直接写明具体要求:"外国旅游者进入中国国境时,应当如实填写《旅客行李申报单》,向海关申报,并接受海关检查"。

②主体。主体部分是规章的实质部分。根据内容需要,繁者可分章节,简者可列几条。其主要内容应当说明规章的对象、要求、实施条款、奖惩原则等。

③附则。附则是规章的结尾部分,一般说明本规章的解释、修订权限及实施的具体时间,或说明与其相关规章的关系等。如《国家行政机关公文处理办法》,在附则中还明确规定"其他有关行政机关公文处理的规定凡与本办法不一致的,以本办法为准"。

（3）结尾

结尾包含发文机关、成文时间。

### 4) 规章写作的要求

（1）切实可行

所谓切实是实事求是、符合实际,即符合国家、社会、部门的实情,这是制定规章的实际根据。不从实际出发,规章的条款制定得再好,也只是一纸空文。可行,是指便于贯彻执行,条款具体、准确、明白,不繁杂,不遗漏,无歧义。具体讲,应注意以下几个问题:

首先,规章是国家、团体、企事业部门意志的体现,具有很强的权威性,而权威是通过政策、法律来体现的。因此,规章必须根据国家的法律、政策来制定,不能有任何违背或与之相矛盾之处,否则,所制定的规章制度就不合法。国家旅游系统在制定规章制度时,首先应符合《行政法规制定程序暂行条例》和《国家旅游局法规规章制定和发布办法》的要求;然后再根据某一方面的法律法规,制定具体的规章。比如,《国营旅游企业财务管理若干问题的暂行规定》和《旅游外汇管理暂行办法》必须依据国家的财务和外汇有关法规制定;若制定地方性的规章,必须以国家的有关法规为依据,国家已有明确规定,而且适合本地区的,就照章执行,不必另搞一套。

其次,要有针对性,主要体现在从实际出发和有实际意义,是从客观实际的需要制定的。由于一些人长期对风景名胜区的作用和价值认识不足,也由于风景名胜区缺乏全面的规划和必要的管理法规,风景名胜区遭到破坏的情况比较普遍和严重,如抢占地盘,滥伐林木,开山炸石,填湖造田,乱上建设项目等。为了加强对风景名胜区的管理,更好地保护、利用和开发风景名胜资源,国务院制定了《风景名胜区管理暂行条例》。

最后,体现合理性。制定规章的目的是为了施行,而要施行,必须合情合理,符合中国的社会制度、中国的国情民情。比如《风景名胜区管理暂行条例》,根据风景名胜区的观赏性、文化价值、科学价值和环境质量、规模大小、旅游条件划分为三个管理级别,这种划分合情合理;关于违反本条例的处罚规定,宽严适度,合乎国家的法律政策。

(2)表达准确、严密

规章是规范人们行为的准则,涉及是与非、正与误、法与罪、奖与罚、止与行诸多规定,其界限必须十分明确。应该做什么? 不应该做什么? 应该怎样做? 不应该怎样做? 应该做到什么程度? 其表述必须十分贴切,不能用含混不清和模棱两可的词语,也不能用容易产生歧义的词语。常用的句式多为判断性的结论句,常用的表态性词语多为肯定和否定形式,比如"应当""必须""应该""不准""不得""禁止"等。

(3)语言简洁、条理清晰

规章的结构要条分缕析,章节条款应十分清楚。在具体安排上,一般采用归纳与演绎的方法,凡是同一内容或性质相近的,归并在一起,而且按照先一般、后

特殊,先总纲、后细目,先重点、后一般的顺序排列章、节、条、目,做到内容集中单一、主次分明。为了条理清晰,可用小标题。比如《旅游安全管理暂行办法》,第一章是"总则",第二章是"安全管理",第三章是"事故处理",第四章是"奖励与处罚",第五章是"附则"。纲举目张,非常醒目。如果属于地方或部门的规章制度,内容较简单者,则采用条款式,不应追求形式,搞假大空。

规章的语言表述在科学严密的基础上,必须简洁、扼要,切忌繁杂冗长。规章以说明为表达方式,就事说事,不过多议论。为了精密准确,常用一些限制性的词语,但修饰词语必须恰当,如使用不当,反受其害。比如,"职工应坚守岗位,不得无故旷工""客人是饭店的上帝,应满足客人的一切需要",其中"无故""一切"应删去。客人的需要有多样性,只能满足其"正当的"或"合理的"需要。

### 3.4.3 旅游业常用的规章

#### 1)规定

规定是国家行政机关或主管部门对于某一方面的工作或活动作出的法规性的文字。它与条例相比,有明显的不同。首先,从制发机关讲,条例是国家最高权力机关制发的;规定则可以由任何机关、团体、企事业部门在所辖范围之内制发。其次,适用范围有差异,条例是对某一方面作出"全面的、系统的"规范;规定只是对某一部分作出规范。再次,就其规定程度而言,条例的规定一般是原则性的;而规定则比较具体、细致,更具有针对性。比如,1987 年 11 月 30 日由国家旅游局发布的《导游人员管理暂行规定》,以及《关于旅游企业岗位培训试行规定》等。

#### 2)办法

办法是国家行政机关或主管部门对某一工作或活动所做的更为具体的法规性文字。比如国家外汇管理局、国家旅游局联合印发的《旅游外汇管理办法》,国家旅游局颁布的《饭店管理公司管理暂行办法》《全国旅游商品定点生产企业审批及管理试行办法》等。办法也可以对某一项条例、法令的具体实施提出方法和措施。比如,为了贯彻《旅行社管理暂行条例》,1988 年 6 月 1 日国家旅游局发布了《旅行社管理暂行条例施行办法》。

#### 3)细则

细则又称实施细则,是根据上级机关的有关条例、规定、办法,结合本系统、本部门的实际情况制定的实施措施或对其中某些条款进行补充、说明的法规性文字。它是从行政法规派生出来的,其特点在于细,因为细更有针对性,更便于实施。但细到何种程度,要从条例、规定、办法的实际情况出发,不需要补充、解释的条款,则不应画蛇添足。

比如《北京市执行<旅行社管理暂行条例施行办法>的处罚细则》,是根据《旅行社管理暂行条例》和《旅行社管理暂行条例施行办法》及北京市的实际情况制定的。又如《黑龙江省旅游局外汇管理实施细则》是根据《旅游外汇管理暂行办法》和黑龙江省的实际情况制定的。

**4)章程**

章程是政治、经济、文化诸方面的社会团体内部的组织规程和成员的活动准则。其主要规定本团体的性质、宗旨、任务、机构、成员、权利、义务、活动原则、组织纪律等。章程适用范围较广泛,大至政治党派、各种经济文化团体,小到某一协会或俱乐部,均可制定自己的章程。

比如《中国旅游协会章程》《中国旅游书画联谊会章程》《全国旅游宾馆饭店宣传服务协作网章程》等。鉴于章程的规定性,除了党派、社会团体之外,行政机关和企事业部门一般不制定章程。因此,章程虽然应用范围较广泛,但不能乱用。

**5)守则**

守则是有关部门为了要求所属成员共同遵守道德规范和行为规范而制定的纪律性规定。比如《旅游涉外人员守则》《中国国际旅行社翻译导游工作守则》《阳光宾馆员工守则》等。

## 3.4.4　总结

**1)总结的性质**

总结是一个地区、部门、单位或个人对某一阶段内的工作、生活、学习和思想状况等活动进行回顾、分析和研究,从中引出规律性的东西,用以指导下一阶段实践活动的书面材料。

总结是一种实用性很强的应用文,是对工作全貌的纵横比较,总体反映,同时是对客观规律的进一步认识。计划和总结前后相连,事先有计划,事后有总结。通过对计划实施程度的总检查、评价,说明已经做了什么,怎么做,做到了什么程度;同时,对存在的一些问题进行补充修正,为下一步计划的制订、完善提供依据、借鉴。

**2）总结的分类**

①按性质分为：专题性总结和综合性总结。

②按范围分为：单位工作总结、部门工作总结和个人总结等。

③按期限分为：年度总结、季度总结、月份总结、阶段总结等。

④按内容分为：培训工作总结、秘书工作总结、档案工作总结等。

**3）总结的特点**

①事实的准确性。无论是经验和教训，都要求实事求是。

②概括的正确性。总结的价值在于它的指导作用。不能简单做工作陈述、回顾，更重要的是揭示出为什么要做，意义如何，因此，总结要高度概括。

③结构的条理性。

**4）总结的写作方法**

总结由标题、正文、结尾三个部分组成。

（1）标题

总结的标题有公文式标题和一般文章式标题两类。

①公文式标题一般包括单位名称、时限和文种。如"××饭店2013年工作总结"。

②文章式标题又可分为单行标题和双行标题两种。单行标题一般都概括写明总结的基本观点或扼要写明总结的中心内容，如"注意掌握信息，是搞活饭店经营的关键"；双行式标题，即正标题＋副标题。正标题用文章式标题点明总结的主要观点或经验，让人易于把握；副标题采用公文标题，补充说明总结单位、期限和种类。如"立足国内市场，搞好假日经济——××饭店2013年销售工作总结"。

（2）正文

这是总结的主要部分，可分为前言、主体、结尾三部分，包括基本情况、具体过程、做法、经验、教训或体会、存在的问题及今后的打算。

①前言。这部分主要是基本情况概述，一般要写明时间、地点、背景（指完成这件工作的客观因素）。此外，还应对所总结的中心内容，如取得的成绩或经验、要说明的道理等加以提示，让读者有个总的概念，也为下文进行具体介绍打好基础。

②主体。这部分主要写工作具体过程、做法、经验、教训、体会、存在的问题和今后的打算。工作具体过程、做法，则要说明指导思想，叙述事情过程，介绍解决问题的办法、措施，并举出典型事例加以说明；经验、教训、体会，则要着重总结

成功的经验,并找出失误的教训,作出有理有据的分析,从中引出规律性的东西;存在的问题和今后的打算,则是指出还存在的问题和困难,提出改进意见和克服的方法,明确努力的方向。

(3)结尾

结尾一般包括结束语和落款。结束语可以指出存在的问题和困难,表明态度和决心;也可提出号召和要求,若这些内容已在主体部分写明,可不写结束语,直接写落款。

**范文3.25**

### 期末复习总结

为了打好期末复习这一仗,我们班制订了复习计划。在老师的帮助下,经过大家的共同努力,我们达到了预期目标。考试结束了,现在我们进行总结,以利于下一学期的学习和提高。

1.这次期末考试,我们班的成绩名列全年级第一名,各科平均分为90分。

2.在这次复习考试中,全班的同学都能做到上课注意听讲,踊跃发言,紧跟老师复习的步子,基础知识掌握牢固。

3.我们"改错"这一问题处理得好,做到了"问题不过夜,错误不过天"。这一点得到了老师的肯定和学校领导的表扬。尤其是王磊同学,能够耐心地指导,帮助检查卷面有错误的同学,为我班达到目标尽了最大的努力。

4.张小宇同学做得也不错,每天早晨都认真地检查每个同学的英语单词,以及各科的复习资料的准备情况。他还把自己搜集到的英语词汇抄给每一位同学做参考,为提高全班的考试成绩尽心尽力。为此全班的同学都要感谢他。

5.进步最快的要数王婕同学,在期末这段日子里她改掉了晚上看电视、上课打瞌睡的坏习惯,上课能注意听讲,下课能虚心地向同学和老师请教,期末考试全部上了90分。我们大家为王婕同学高兴。我们也希望王婕同学再接再厉,争取下学期取得更大的进步。

6.在其他方面我们也做得不错,受到了老师的表扬,被评为优秀班级。

不足的是我们语文考得不太好,主要是语文基础知识欠扎实,灵活运用的能力还有待提高。有一位同学才考了70分,有2位同学没上90分,这是我们平时下工夫不够造成的,因此,下学期我们一定要在写作上下一番工夫。总之,这次我们打了一个漂亮的期末复习仗。让我们在下学期携手努力,以取得更大的成绩。

2013级3班

年　月　日

**范文 3.26**

**个人学习总结**

我通过一年的努力,学习态度更加端正、积极;做到虚心好学,遇到不懂的专业理论知识主动向老师请教,与同学探讨,直到弄清楚为止;还经常利用课余时间上网查阅资料,学习成绩大有长进。

为了提高学习效率,每次上课前,我都认真预习相关的内容,做好充分的课前准备,带着疑问听课。课堂中我对重点与难点做好相应的笔记,随着教师的思路积极思考。当遇到听不懂的部分,我利用课后的时间,通过电话、在线答疑和发电子邮件的方式,向老师和其他同学请教。老师布置的作业,我能独立完成,因为只有通过独立完成作业,才能帮助我检查对所学内容的理解和掌握程度,及时发现需要温习和欠缺的部分,同时还能使所学的知识和以前学过的内容之间建立联系。作业完成后我还通过操作实践巩固、复习所学知识。

在一年的学习生活中,我通过独立学习,不仅掌握了老师传授的知识和技能,还学会了一种新的学习方法,为今后的继续学习创造了极好的条件和基础,提高了我的学习能力。

我相信只有不断挑战自己、超越自己,才能跟上时代的步伐,成为适应 21 世纪的学习型创新人才。

张成材

年　月　日

## 3.4.5　会议记录

会议记录是指在开会时,把会议的基本情况、与会人员的发言和会议决议等内容如实记录下来的书面材料。

**1)会议记录的分类**

根据性质和功能,可将会议记录分为三类。

①行政例会记录。即各单位召开会议和行政例会时所形成的会议记录。

②专题会议记录。即召开专题性工作会议,研究重大问题时所形成的会议记录。

③座谈会记录。即解决某个重要问题时,召开有代表性人员参加座谈会所形成的会议记录。

**2)会议记录的特点**

①纪实性。会议记录要自始至终符合会议的实际情况,不能凭主观臆断,不

顾客观实际随意删改。

②直接性。会议记录是作者亲自参加会议,随会议进程,如实记录所见所闻的情况。因此,记录的材料是直接的第一手材料。

③原始性。会议记录要按照会议的程序,将发言人讲话的内容、讨论的问题和决定的事项,如实地记录下来,不允许加工、整理(可顺通语句)。因此,原始性是会议记录最重要的特点。

**3)会议记录的格式和写法**

会议记录由标题、组织情况、主体内容、结尾几部分组成。

(1)标题

标题由单位、事由、文种三部分组成。

(2)会议组织情况

会议时间:要写清楚年、月、日,会议开始的具体时间。

会议地点:写清楚召开会议的具体场所。

主持人:写明其姓名、职务。

出席人:即按照规定必须参加的人。人数不多的会议可将出席人的姓名、职务全部写上,人多的会议可只写参加人数。重要的会议,还另设签到簿,请出席人填写姓名、单位、职务、职称等情况。

列席人:即不属于本次会议的成员,要写清楚列席人的单位、姓名、职务。

缺席人:人少的会议要写清楚缺席者姓名,并注明缺席原因;人多的会议,应写明缺席人数。

以上内容要在会议主持人宣布开会时写好。

(3)会议主体内容

这部分是了解会议意图、反映会议成果的主要内容,是会议记录的主体,要着重记录,以备查考。会议内容主要包括:主持人讲话、领导报告、与会者发言、决议事项和主持人总结等。

记录这部分内容时,有以下两种方法:

第一种,摘要记录,用于一般会议。在没有分歧和争论的情况下,只需摘记每个人发言的重点,写明会议内容的要点,记录决议事项和表决情况。

第二种,详细记录,用于重要会议。要求尽可能完整无缺地记录发言者的原话,特别重要的发言,还应记下发言者的语言姿态。要着力记载以下内容:

争议内容:应把争议、分歧的焦点及有关人员发言争论的观点详细记下。

关键内容:对会议讨论的关键内容和要害问题,要将有关人员的发言一一

记下。

表决内容:应如实记载会议表决时赞成、反对和弃权的详细情况,以备查考。

记录者应根据会议的性质和内容选择会议记录的方法。无论详录还是摘记,都应力求完整、准确,忠于原意,不能随意增减和改动会议内容,改变或修改发言人的原话。

(4)结尾

在会议内容后面,要另起一行空两格写"散会"字样。在会议记录的右下方,由会议主持人和记录人签名。

范文3.27

### ××旅游职业学校会议记录

时间:×年×月×日上午8时

地点:第一会议室

主持人:王××(校长)

出席人:王××(校长)、李××(副校长)、张××(副校长)、赵××(工会主席)、各系部主要负责人(略)

缺席人:朱××(生病)、陈××(在市里开会)

记录人:李××(院办秘书)

会议主题:学习贯彻省人民政府《关于压缩行政经费的通知》精神,布置学校工作。

一、主持人讲话

首先宣读省人民政府(关于压缩行政经费的通知),分析学校行政经费使用现状……今天召开校务会议,主要学习、贯彻通知精神,抓好学校行政费用的合理开支,切实做到既勤俭节约,又不影响正常教学、科研等活动的开展。

二、讨论发言(略)

三、决议

1.各部门负责人在认真学习的基础上,利用政治学习时间向教师们传达、宣讲。

2.各部门责成有关人员根据《通知》的精神压缩指标,重新审查和修订本年度行政经费开支预算,并于两周内报校长办公室。

3.各部门必须严格控制派出参加校外会议及外出学习的人数,财务部门更要严格把关。

4.利用学习和贯彻《通知》精神的机会,对全校师生员工普遍开展一次勤俭节约、艰苦朴素的传统教育。

散会

主持人：×××（签名）

记录人：×××（签名）

年　月　日

### 4）会议记录的写作要求

（1）记录要准确

会议记录必须如实记录，不得随意增删和改动。

（2）重点要突出

主要指参加会议人的讲话、与会者不同意见或会议的问题、会议的决议，应记录翔实，不可马虎。

（3）整理要及时

会后要及时整理会议记录，抄写清楚，做到语言文字规范化。

（4）内容要保密

会议记录的内容，要妥善保存，不得随意外传，以免造成工作的被动。

## 3.4.6　海报

### 1）海报的概念和特点

海报是向公众报道或介绍有关电影、戏剧、体育比赛、报告会等消息的一种张贴性应用文。

海报最早产生于 20 世纪 30 年代，名称起源于上海。开始在剧院出现，是为了引起观众的注意，宣传剧目的内容，当时人们把职业性戏剧演出称为"海"，把从事职业戏剧表演的称为"下海"。于是便把告示演出剧目的招贴称为"海报"。随着社会的发展，海报的使用范围越来越广，现在海报已成为应用文体的一种，成为公众喜爱的告示之一。

海报与广告的相同之处是二者都有告知作用。但海报是非商业广告，且它的发布与广告也有不同。广告的发布应按法律、法规规定的程序办手续，而海报的张贴一般不需要办理广告的手续，发布也较随意。除此之外，海报还有以下特点：

①张贴性。海报主要采用张贴形式，一般张贴在引人注目的场所。

②宣传性。海报和简讯一样，内容单一，文字简洁。人们可以得到有关影视、文艺、体育以及报告会、演讲会的信息，重要的海报还可通过电台、电视台、报

刊等媒体宣传。

③灵活性。海报的形式灵活,可以有文字内容,也可加上丰富多彩的美术设计;可以写在纸上,也可写在黑板上,用纸大小不限,颜色不限。总之,海报力求灵活制作,醒目美观。

**2)海报的分类**

根据不同的内容,海报大致分为以下三类:

①文艺性海报。介绍影视、戏曲、文艺演出活动信息的海报。

②体育海报。介绍各种体育比赛、体育表演活动的海报。

③报告会海报。即关于举办各种报告会的海报。如学术报告会、英模报告会、形势报告会等。

**3)海报的结构与写作方法**

海报由标题、正文、落款三部分组成。

(1)标题

海报的标题一般有两种形式:一种是直接用"海报";另一种是根据活动内容加拟标题,如"法国××艺术展"。其中,第二种形式标题制作比较灵活,可适当运用修辞手法加以渲染,如"青春的旋律——××艺术团献艺"。

(2)正文

正文由必备内容和辅助内容组成。必备内容包括活动名称、内容、时间、地点和参加活动的办法。辅助性内容包括原因、标价、参加活动的要求以及说明性的文字。

(3)落款

海报的落款即署名和日期。署名为举办单位的全称,时间则为张贴的年月日。

**范文3.28**

微笑服务——上帝与你握手

为了提高服务质量,真正体现顾客就是上帝的宗旨,本酒店特邀旅游大学教授×××来酒店作《把对让给客人是酒店服务的宗旨》的讲座。请全体员工踊跃参加。

时间:×年×月×日×时×分

地点:本酒店一楼多功能厅

××酒店总经理办公室

年　月　日

范文 3.29

海 报

西南音乐学院表演系将于本周应邀来校作精彩演出,演出主要节目有:歌剧《红岩》、舞剧《红色娘子军》片段等。

时间:本周星期六、星期日晚上 7:30—10:00

地点:本校大礼堂

票价:甲级票 50 元,乙级票 30 元

售票地点、时间:在学生会发售,自即日起每日上午 10:00 至下午 5:00

××大学学生会<br>年 月 日

范文 3.30

**牛眼一睁 扫描三百名家苦乐人生**<br>**牛眼一眯 笑语四方才子成败沧桑**

《牛眼看家》——著名笑星牛群摄影展在北京、天津、深圳等地巡回展出后,将于 4 月 12—16 日在我市隆重展出。届时牛群将为观众现场签名留念。欢迎摄影爱好者和各界人士前往参观。

展出地址:××市文化展览馆

售票时间:即日起每天 8:00—17:00

售票地点:市文化展览馆正门左侧

联系人:×××

联系电话:×××××××

××市摄影家协会<br>年 月 日

**4)启事和海报的区别**

①使用的范围不同。海报以报道文化、娱乐、体育消息为主;启事可以反映政治、经济和生活多方面的内容。

②制作的形式不同。启事以文字说明为主;海报除文字说明外可做美术加工,配以图片、图画、图案,运用美术装饰材料及手段。

③公布的方式不同。启事除张贴外,可登报刊,用广播、电视传播;海报只在公共场所张贴或悬挂。

**本章小结**

本章节主要阐述了旅游行业日常使用的各种文书,以及写作方法。特别介绍了专用书信、条据、启事、计划、总结等旅游行业常见的应用文的写作特点和写作方法。并且通过大量范文的介绍,使学生能基本掌握常见文书的写作方法。

**本章自测**

1. 简答

(1)简要回答写求职信应注意的事项。

(2)计划的特点是什么?

(3)会议记录的格式是什么?

(4)海报的特点是什么?

(5)启事和海报的区别有哪些?

(6)条据的特点是什么?

(7)规章的特点是什么?

2. 写作题

(1)张扬同学准备中专毕业后到西南大学旅游系的大专班继续深造,但不知道如何才能就读该校,也不清楚该校的专业设置情况和收费标准,请代写一份咨询信。

(2)根据自己的情况分别写一封求职信、自我鉴定和求职简历。

(3)拟订一份实习计划。

(4)根据下列内容写一份启事。

阳光国际旅行社张兰女士在出租车上遗失一个手提包,里面有比较重要的资料、笔记本电脑、1 000元人民币,请据此写寻物启事一则。

# 第 4 章

# 导游词、景区景点介绍、旅游
# 指南及写作方法

**【本章导读】**

本章主要讲授导游词、景区景点介绍、旅游指南等旅游应用文体的性质、特点、结构和写作方法。要求熟悉和掌握所讲旅游应用文的写作格式、语体特征和写作方法,并具备初步的撰写能力。

**【关键词汇】**

导游词　景区景点介绍　旅游指南　性质　特点　写作方法

**【问题导入】**

人们外出旅游,不论是出于何种目的,在观光游览中都有一种求新、求奇、求美、求知、求乐的心理。要满足旅游者的需要,导游者必须了解景区景点的历史和发展,通过导游词,让游客了解我国悠久的历史、灿烂的文化。每年数以万计的外国旅游者来到中国,同时随着我国人们生活水平的提高,国内外出旅游者越来越多。导游人员的讲解,可以使游客开阔眼界,增长知识,获得精神上的享受。因此,在旅游过程中如果没有导游人员的解说,客人只是走马观花,很难体会到景观真正的美妙之处。

## 4.1　导游词的性质、作用、特点、结构及写作方法

导游词是导游员在引导游客观光时用的讲解词。导游员主要通过导游词引导游客的活动,导游词的质量会直接影响旅游服务质量。根据讲解的对象可以将导游词分为三类:其一以景为主,一般说明景物的特点、有关的传说、史实、成因和影响等;其二以人为主,一般说明人物的身份、经历、性格、贡献及社会评价等;其三以物为主,一般说明物的性质、特征、功能、成因以及与人类或社会的关系等。

### 4.1.1 导游词的性质

导游词也叫旅游解说词,是导游人员为引导游客游览而对有关游览对象进行说明、解说的一种应用文字。

导游词属于解说词的一类,导游词有书面形式和口头形式两种,是导游人员的工作用语,是一种具有旅游职业特点的专门用语。导游员在引导游客游览时,通过生动、形象、富有感染力的讲解激发游客的游览兴趣,使游客积极参与游览活动,并在其中获得丰富的知识,得到美的享受。

导游员的引导、讲解是导游词口语形式的表达,但口头讲解是以书面形式为基础的,即书面导游词是口头导游词的蓝本。导游人员清楚、生动、感人的讲解取决于优秀导游词的写作。因此,撰写导游词是对导游人员的基本要求,对导游员来说,书面表达能力和口头表达能力同样重要。

### 4.1.2 导游词的作用

**1)引导游客游览**

俗话说:看景不如听景。这句话正应了导游工作的要点,即导游员的主要工作是引导游客游览景观,为游客讲解特定景观的游览内容。这些活动需要导游员通过对景区、景点概况、特点、价值、沿革、逸闻趣事和有关知识的介绍,增加游客的兴趣,满足他们的审美追求。一些景观,蕴含着深厚的历史文化知识、深刻的哲理、精湛的艺术美,如果没有导游人员的引导和探幽发微的解说,很难领略到其中的真谛。导游员讲解能帮助游客更深刻地了解旅游资源的有关知识,体会中国灿烂文化的精髓,体味美妙景观的神韵,提高审美情趣。好的导游讲解,才能使游客在"看景"的同时,充分享受到"听景"的愉悦。

**2)宣传推销旅游产品**

旅游者在游览的过程中,通过视觉、触觉等感官对旅游产品有了一定的直观感受,在此基础上,导游人员绘声绘色的讲解增强了游客的视听感受,调动了游客的兴趣,使他们听得赏心,看得悦目,乘兴而来、满意而归。游客美好的旅游经历和切身感受,不仅能引起重游该地的愿望,还可能向亲朋好友、熟人邻居推荐;不仅满足了当前游客的需求,对潜在的游客也增强了感召力。可见,导游词实际上还起着宣传和推销旅游产品的作用,因此,精彩的导游词是旅游商品的形象说明书和生动的活广告。

### 3) 传达及沟通感情

旅游服务的对象是游客,游客对服务质量的评价主要取决于内心的感受。游客都希望得到富有人情味的旅游接待,旅游工作人员和游客的人际关系和个人感情影响着旅游服务的质量。因此,导游工作者要提供优质的导游服务,就必须通过导游词传达对游客的欢迎、尊重和友好的情谊,在导游过程中增强和游客感情的沟通,营造一种轻松、亲切、融洽的气氛,让游客有愉快的旅游经历。通过饱含深情地向游客问候,表达良好的祝愿和感谢,使导游词在整个活动中发挥沟通感情的重要作用。

## 4.1.3　导游词的特点

### 1) 真实性

导游词属于写实性的应用文体,它是对游客观光游览对象的解说。无论是对自然景观还是对人文景观的介绍、说明,都应使游客能正确、全面地理解景观的状态、特点、成因、变革等情况,即使是一些传说故事,它也是一些社会历史文化的积淀,而不是导游人员毫无根据地凭空编造出来的。因此,导游词应遵守客观真实和历史真实的原则,解说的概念要准确,引用的数据、资料必须要翔实。如果为了吸引游客,激发旅游者的游兴,违背真实,胡编乱造,信口开河,就会误导游客,造成弄虚作假、欺骗游客的不良后果。

### 2) 艺术性

导游词的艺术性主要表现在导游语言的生动性和美感性。导游词在讲究真实性的前提下,还要力求鲜明生动,言之有神,切忌死板、平铺直叙、泛泛而谈,让人觉得枯燥乏味,甚至昏昏欲睡,导游词应生动、形象、幽默等。

旅游是一项综合性的审美活动,旅游过程实际上是一种追求美、享受美、陶冶美的过程,这就对导游语言提出了更高的审美要求。如描绘时运用形象、传神、鲜明、生动、优美的语言,表现语言的艺术魅力,使游客通过联想或想象再现事物的形和神,感知事物内在的审美价值,从而得到极大的美感享受;在讲解中穿插一些相关的神话传说、民间故事、历史故事和风土人情,产生流畅自如、亲切动人、真挚感人、引人入胜的表达效果;通过恰当得体地运用设问、反问等置疑方式,调节讲解速度,突出讲解要点,与游客进行深层沟通,营造轻松的交际气氛,使讲解具有生动别致、情趣盎然的美感效果。

### 3）条理性

导游词以讲解、解说为目的，要对游览对象进行介绍说明，所以要求有较强的条理性。导游词的结构、内容要按照游览的过程，景点景观的顺序、位置进行有序的安排。导游词对景物或事件的介绍，或以游览顺序为序，或按事件的发展为序，或按照事理的逻辑为序，做到讲解有头有尾，条理清楚，使游客听起来轻松、易懂。如介绍北京故宫，先介绍故宫的建造年代、时间，再介绍建造中花费的人力、物力、财力，建造的面积、规模，最后介绍建筑的文化含义和特点，按这样的逻辑顺序讲解，就使游客易于了解故宫的历史背景，有清晰的思路。

### 4）实用性

导游词是导游人员的职业语言，讲究实用性，适合导游人员的讲解需要也是导游词的一大特点。导游词是一种口头用语，所以必须口语化，因此，在语音、词汇、语法、修辞等各方面都有特殊的要求。如语音朗朗上口，音节搭配恰当，节奏和谐；用词浅显易懂，多用大众化的词汇；句法灵活，句式简短，多用短句、散句，说起来顺口，听起来顺耳；表达方式比较直截了当，易于听懂。

## 4.1.4　导游词的结构

导游词的结构一般由标题、前言、总述、分述和结尾五部分组成。

### 1）标题

导游词的标题简洁、明了，多以景区景点的名称或俗称命名，或在名称前加上一个修饰词。如《北京故宫导游词》《敦煌莫高窟导游词》《北岳明珠　东方瑰宝——浑源悬空寺导游词》。

### 2）前言

导游词的前言部分包括称呼语和开场白，是导游员向游客表示问候、欢迎，进行自我介绍，表达良好祝愿，交代活动计划，明确活动内容的话语。这部分主要起着连接双方关系，制造良好氛围，为整个旅游活动起铺垫作用。

**范文 4.1**

各位游客：

大家好！首先，我对你们的到来致以最诚挚的欢迎！在接下来的几天当中，我将陪伴大家共同游览北京的名胜风景，希望通过我的讲解，能够使您对北京留下非常美好的印象，同时也希望您能对我的工作提出宝贵的意见。现在我们就开始今天的游览行程，去游览驰名中外的故宫博物院。

### 3）总述

总述部分是对要游览景点景观的总括介绍，它主要概述景点景观的基本情况，比如地理位置、历史渊源、主要特点、旅游价值、游览内容等。总述的写作既要立足于总揽全局，又要突出重点，语言要简明富有诱惑力，但应切合实际。

范文4.2

故宫占地72万平方米，其中建筑面积为16.3万平方米，南北长961米，东西宽753米，周围有10米高的城墙环绕，还有宽52米的护城河，在四角都建有一座精美的角楼。根据1973年的统计，故宫有大小院落90多座，房屋有980座，共计8 704间。明朝永乐皇帝朱棣登基不久，在永乐四年，也就是1406年下诏营建北京紫禁城。修建分为两个阶段，第一阶段是从永乐四年开始备料，而第二阶段就是在永乐十五年，1417年6月开始动工兴建，历时14年，在永乐十八年，1420年完工。在建造过程中，征集了全国10万名能工巧匠和民夫100万人，而建筑材料都来自全国各地，比如汉白玉石来自北京房山，金砖来自苏州，石灰来自河北易州，五色虎皮石来自河北蓟县盘山，殿基所用的精砖石来自山东临清，松木多来自东北，而楠木多来自四川、云贵、浙江等地，可见当时工程的浩大。故宫布局规划遵循了《周礼·考工计》的都城设计礼制：前朝后寝，左祖右社。大致分为南北两个部分，南半部为前朝，北半部则为后寝。前朝是以太和、中和、保和三大殿为中心，文华殿和武英殿为东西两翼，是皇帝举行朝会的地方。而后寝则是以乾清、交泰、坤宁这后三殿以及东西六宫、御花园为中心，外东路、外西路的建筑为主，是皇帝处理日常政务和后宫皇妃居住、祭祀的地方。左祖右社在午门外，东侧是皇帝祭祖的场所太庙，西侧则是祭社稷的场所社稷坛。按照这种布局建筑而成的故宫就是明清两代24位皇帝的皇宫，其中明朝14位，清朝10位，统治时间总共长达5个世纪，成为世界上规模最大、保存最完整的宫殿建筑群。

### 4）分述

分述部分是导游词的主体部分，分述也叫分段讲解法，是对游客游览、观赏的对象进行具体解说。导游词的内容是与游客的行动同步的，游客移步换景，导游词随之变换内容。分述部分的内容一般以游踪为线索，以观赏景物的先后顺序，一个景观为一个相对独立的片断，片断与片断之间用口语承上启下。分述部分不要求结构十分严谨，但层次必须清楚，分述的内容包括很广，有景点的名称、历史、典故、文化内涵、美学价值等。其目的就是给游客一个具体、形象、真实、美好的感受，激发游客的游兴，让游客增长知识，丰富见闻，获得更多的乐趣和美的

享受,使游客在心理上得到极大的满足。

如《故宫博物院导游词》的分述中,先介绍午门,继而是太和门,再介绍太和殿、保和殿、乾清门,最后是御花园等。

**范文4.3**

进入午门,我们首先看到的就是内金水河,它自西向东蜿蜒流过太和门广场,上边还有五座汉白玉石桥,就是内金水桥了。它的作用不仅是故宫中排水的主要通道,也是建筑和灭火的主要水源,同时还起到了点缀景观的作用,使太和门广场在雄浑中不失秀美。

在太和门两旁还有两道门,就是德昭门和贞度门。每逢皇帝出宫,都要在太和门换车,而且皇帝大婚的时候,皇后也要从太和门进入皇宫。在光绪四年的时候就发生了这样一件事:在光绪皇帝大婚前夕,太和门突然被火烧毁了,可是大婚当天皇后要从这里经过,所以朝廷就在北京寻找了能工巧匠,连夜用彩绸还有木料搭建了一座假的太和门,才使得婚礼如期进行,而在第二年,太和门才重建完成。

过了太和门我们就进入了太和殿广场,它面积有3万多平方米,在每年的元旦、冬至、还有皇帝生日以及一些重大活动的时候,都要在太和殿以及太和殿广场举行隆重的朝礼。

现在我们面前这座宏伟的建筑就是太和殿了,它和中和殿还有保和殿是建立在一个土字形的三层台基上,台基南北长230米,高8.13米,在四周围还建有一些楼阁,其实就是清朝内务府所管辖的库房。太和殿是故宫中最高最大的建筑,面积有2 377平方米,通高35.05米,面阔11间,进深5间。而太和的观念是上古天人合一观念的延伸,强调了君臣之间、人与自然之间还有个民族之间的和谐。在太和殿的屋顶正脊上还有一个高3.36米的大吻,往下还有11个垂脊兽,在我国古代,异兽的数量越多,代表了殿宇等级越高。在殿内有72根大柱支撑,当中的六根是沥粉贴金云龙图案的金柱,上面支撑了藻井,在藻井当中雕刻有蟠龙,龙口中衔有轩辕镜。轩辕二字出自于我国古代天文学中的轩辕星,意思就是轩辕黄帝之星,也是掌管雷雨之星。在殿顶上建有藻井,一是为了代表当朝的皇帝才是中华民族的正统继承人,第二则是起到了镇火的作用……

**5)结尾**

导游词的结尾是对游览结束作总结,又称结束语,内容一般包括总结游览内容,突出强调游览要点,表达对游客的依依惜别之情,还要对游客表示感谢、祝愿等。好的结束语往往画龙点睛、妙趣横生,留给游客无限的回味。

**范文4.4**

我们现在走出的这座高大城门叫神武门,是故宫的后门,至此宫内的游览结束了,但是紫禁城的建筑并未结束。您看对面高43米的景山,它是紫禁城的屏障,与前面的金水河遥相呼应,构成中国建筑背山面水的传统格局。我们乘着游兴登上山顶的万春亭俯瞰故宫,看看这金碧辉煌的世界奇观。

## 4.1.5 导游词的写作方法

### 1)导游词中表达方式的运用

导游词是解说词的一类,是一种综合性的应用文体,叙述、描写、抒情、议论、说明几种表达方式都可以综合地使用。具体到一篇导游词,根据解说对象的不同各有侧重。介绍人物的身份、经历、性格特征、社会贡献,表现景物的特点、价值、传说故事、影响时,用叙述的表达方式;写景状物、描绘自然景观、刻画人物形象用描写的表达方式;评人论事、阐发事理,用议论的表达方式;解说事物的性质、特征、功用、成因等用说明的表达方式;抒发对人物、景观、事件的情感时,用抒情的表达方式。

(1)叙述

叙述就是把人物的经历、活动以及事物发展变化的经过表述出来。导游词中一般都需要叙述的表达方式,描写、议论、说明、抒情的运用也离不开叙述。

自然景观和人文景观的讲解往往都要穿插大量神话传说、民间典故、历史故事和风土人情,通过叙述,可以丰富游客的文化和历史知识,在观赏眼前景观时能运用形象思维更好地感知,留下更深刻的印象,获得巨大的审美享受。

**范文4.5**

莫愁湖,原名"石城湖"。六朝以前,这里是长江和秦淮河下游的汇合处,两水相聚,逐渐积成沙滩。随着长江西移,沙滩逐渐扩展,秦淮河出口处也随着向西北方即今三汊河一带推移,于是在这里就留下了一些湖泊和池塘。莫愁湖就是处于当时秦淮河和长江交汇处在河道上的一处小湖泊,因当年紧挨石头城,所以称作石城湖。

莫愁湖名称的出现始于北宋。据当时的记载:"莫愁湖在三门外,昔有妓卢莫愁家此,故名。"相传,有一名叫莫愁的洛阳女子,生得美丽、聪慧、善良,与父亲相依为命。后来她父亲不幸去世,因家境贫困,无钱葬父,为换取葬父费用,卖身给建康(今南京)的一生意人卢员外做了儿媳,居住在石城湖畔。莫愁女好施乐善,长得又标致。有一次,梁武帝路过卢员外的家门口见到莫愁女,便起了邪念,先把其夫征去当兵,再下旨选莫愁女进宫。莫愁女宁死不从,投江自尽。人们为怀念这位美丽善良的莫愁女,就将石城湖改名为"莫愁

湖"。庭院水池中的莫愁女雕像就是根据这一美丽的传说来塑造的,表达了古代劳动人民对"莫愁女"的同情和赞美,寄托了人们对美好生活的向往。

这段导游词运用叙述性语言对莫愁湖的历史、名称来由的有关传说进行阐述,不仅传达给游客相关的知识,而且通过优美的传说勾起游客的审美想象,使莫愁湖的景致更加美丽、生动。

(2)描写

描写就是用形象的语言对人物、事件、环境作具体入微的描绘,给人以真切的感受。导游词通过运用形象、传神、鲜明、生动的描绘性语言,特别是各种修辞手法的运用,使导游讲解生动别致、栩栩如生、情趣盎然,给旅游者以如见其人、如闻其声、如临其境的感受。从描写的对象看,导游词中常见的有人物描写和景物描写。其中景物描写又分为自然风景描写和社会环境描写。

范文4.6

泸沽湖的一天也各有情趣。清晨,山峦晨雾,湖罩青烟,曙色之中,波光闪闪,湖面寂静,不时有猪槽船儿时隐时现地穿梭于湖面轻纱般的晨雾间,静穆中,偶尔也会传来悦耳的山歌声;中午,微风轻拂,湖面泛起层层涟漪,轻舟便如柳叶飘落;下午,晚风推着巨浪,滚动着雪白的浪花;夜晚,星月映湖底,周围一派寂静而神奇,缥缈如仙境。

这段导游词描绘了泸沽湖优美景观,在描写中抓住了景物的特点,运用排比、比喻、对偶等修辞手法,语言优美、形象生动、句式匀称、节奏和谐、气势连贯,给游客带来强烈的审美享受。

(3)议论

议论是对客观事物进行评论,表明自己的观点和态度。导游词在对景物、事件等的叙述和描写中,可以针对特定的讲解内容,切合讲解主题发表议论,进行巧妙的发掘引申、点化概括,从而突出强调讲解主题。

范文4.7

各位朋友,在中国,在东方这片有着五千年文明历史的土地上,你也许读不懂青铜器上的铭文,也许不理解人头兽身表现什么、象征什么。但是,当你走进中国人民的生活,行走在中华民族繁衍生息、劳动创造的古老土地上,你就能感受到、接触到中国人民在日常生活中流露出来的儒家文化的气息,你便能由此体验到中国人民与其他国家迥然不同的生活方式、风土人情和理想道德。无论你从哪个角度、哪个层次去探究中华民族的个性与品格,都不难发现儒家文化的基因。在漫长的历史演进过程中,儒家文化几乎成了中国传统文化的代名词,而儒家文化的创始人,就是孔子。

这段孔庙的导游词首先从儒家文化对中国传统文化的影响和作用谈起,突出了孔子的地位和价值,激发了游客对孔子的敬仰之情。

(4)抒情

抒情就是抒发和表述感情。在导游词中经常采用融情于景和寓情于理的表现手法来抒发感情,增强导游词的感染力。

范文4.8

九寨沟的水是九寨沟的灵魂,一步一变幻,一步一个景,这是一个容易让人激动的地方。请看这路旁水深9米的火花海,清晨的时候,旭日东升,晨晕轻拂水面,湖上波光如焰,金碧耀眼;黄昏的时候,落日斜照翠海,千万朵火花自水中绽开,灿烂热烈,无论春夏秋冬,只要有阳光,火花就会在湖面盛开、闪烁。

这里通过对九寨沟的水的描写,抒发了对九寨沟水的喜爱之情。

(5)说明

说明就是用简明扼要的语言,把事物的形状、性质、特征、成因、关系、功用等解说清楚。在导游词中说明的表达方式用得较多,如对景观、文物等进行说明性的注释。说明性的语言要求准确、简洁,可以运用下定义、作诠释、分类别、列数字等多种说明方法,运用空间、时间、逻辑等说明顺序。

范文4.9

正阳门内就是岱庙了,这是一个神奇的地方。岱庙有着如此的魅力,决定于它自身的特征。首先,它的围墙便与一般庙宇不同,围墙周长1 300米,5层基石上砌大青砖,呈梯形,下宽17.6米,上宽11米,高约10米,共有8座门。正中为正阳门,是岱庙的正门。由正阳门进得岱庙来,迎面是配天门,取孔子说的"德配天地"之意。配天门两侧,东为三灵侯殿,西为太尉,三殿之间以墙相连,构成岱庙中间第一进院落。

**2)导游词的修辞手法的运用**

在导游词的写作中为了使导游语言鲜明生动、幽默风趣,增强语言的表达效果,可以恰当地运用多种修辞手法。导游词中常用的修辞手法有:比喻、比拟、夸张、引用、排比、对偶、对比、设问、反问、换算等。下面介绍几种修辞手法在导游词中的运用:

(1)比喻

比喻,就是用相似的事物来打比方。相似点可以是外在的,如形状、颜色、声音等,也可以是内在的,如性质、感情等,用比喻描述事物,可使事物形象鲜明生动,加深游客的印象。

范文 4.10

"在浓荫蔽日的密林中的不远处,你就可以看到气势磅礴的大瀑布,它像轰雷、骤雨、飞珠、崩玉、雪花似的泡沫,跳荡着、咆哮着,溅起的水珠儿,蘑菇云似的冲向天空,然后化做轻纱般的薄雾,在阳光照射的特定角度下,你可以看见彩虹般的景色。"这段描写镜泊湖吊水楼瀑布的导游词通过比喻,给人以身临其境的美感。

在运用比喻时要注意就熟取喻,就近取喻,用通俗的事物来比喻陌生的事物,浅显易懂,要考虑到旅游者的特定的文化背景,还要注意力求新颖,不落俗套。

(2)比拟

比拟,是根据想象把物拟作人,把人拟作物,或把甲物拟作乙物。导游词中最常用的是拟人。如:"看,山上的迎客松正在微笑着,向我们伸出了热情的手,欢迎各位远道而来的客人呢。""迎客松""微笑""伸出热情的手",既增添了形象性,又达到情景交融的目的。

运用比拟时要注意,比拟与被比拟事物之间在品质、特征、习性、情态、行为等方面要有一些相互通融的地方,表达要恰当、贴切。

(3)夸张

夸张是在客观真实的基础上,对事物进行夸大或缩小的描述。在导游词中夸张可以强调事物的特征,极大地丰富人们的想象,鲜明地表达导游人员的情感,引起人的共鸣。夸张还往往通过比喻、比拟等形式表现。

范文 4.11

老成都的茶铺密如蛛网,东西南北,大街小巷,无处不有,分门别类。规格各异,井水河水互不相犯,商贾掮客自有去处。成都茶馆数量多,档次多,阳春白雪、下里巴人兼而有之,数百年来形成了成都市民最习以为常、必不可少的习俗。

夸张的运用必须以自然和人文景观的事实为依据,不能失去生活的真实,还要注意夸张要鲜明、显豁,要讲究艺术性。

(4)引用

引用是为表达本意,创造性地用一些现成的语句或材料引证、补充、说明的手法。导游词中常常引用名人名言、古今中外典故、寓言、谚语、诗句文章等,既生动感人,又能增强说服力。引用分为明引、暗引和意引三种,导游词中引用手法较为常见。

范文 4.12

现在的杜甫草堂,仍在杜甫当年"八月秋高风怒号,卷我屋上三重茅"的旧址上。一千多年来,规模几度变更,但"清江一曲抱村流,长夏江村是石幽"的田园风光依旧。这里的一花一木、一溪一水,无不洋溢着诗情画意。

引用的运用要注意恰到好处,内容要通俗易懂、简洁明快,引文应是第一手资料,要相对完整,不能断章取义。

(5)排比

排比是成串地排用三个或三个以上结构相同或相似、意义相互关联、语气相对一致的语言单位来表达特定内容的修辞手法。导游词中运用排比可以加强语势,增强旋律美,具有较强的感染力。

**范文4.13**

漓江边上的山有"奇、险、俊、秀"的特点,朝板山兼而有之,"秀"如春笋出土,"奇"如石板弯曲,"险"如临江悬石,"俊"如雅士濒江。可以说,它是集漓江山石多种美的典型。

运用排比手法要根据表达需要,切忌为单纯追求形式美而生硬地拼凑,还要注意排比项的排列应符合逻辑。

(6)对偶

对偶,又称对仗,是把两个字数相等或相近,结构相同或相似,意义相互关联的句子或词组对称地排列在一起的修辞手法。对偶句式的运用,不仅使表达形式整齐,而且音律和谐悦耳,还能比较鲜明地揭示事物的内在联系,反映事物之间的对立统一关系。在导游词中恰当运用对偶,能增强语言的感染力,引起游客的审美共鸣。

**范文4.14**

杭州有西湖之美,苏州有园林之胜。杭州西湖妙在天趣,苏州园林贵在人工。苏州杭州各有千秋,并美于世。难怪历来有"上有天堂,下有苏杭"之称。

在很多旅游文学作品如山水诗文中,大量运用了对偶,在导游词中恰当引用对偶诗句能激起游客的兴趣,收到较好的表达效果。对偶的运用也要注意根据表达的需要精心布置,注意对称和谐。

(7)对比

对比,是将两种相互对立的事物或几种不同的事物,或同一事物的不同方面放在一起进行比较、对照的修辞手法。在导游词中对比手法的运用,能使对比各方相反相成,相得益彰,使对比各方的特征都得到进一步强调,表述周全,富于哲理,给人留下深刻的印象。

**范文4.15**

中国园林艺术是世界园林艺术中的奇葩。其风格大致可分为南北两派。北

派以皇家园林为代表,布局博大庄严,中轴对称,富有宫殿气派,细部装饰采用琉璃瓦,雕龙画凤,金碧辉煌;南派则多以私家花园面目出现,布局小巧玲珑,楼台亭阁,曲径回廊,细部装饰采用青砖小瓦,色泽朴素而又淡雅。

运用对比手法时要注意对比的项目在本质属性上应具有相反的对立性,而且必须使其有并列的关系。

(8)设问

设问,是为了引起别人注意,故意先提出问题,自问自答;或提出问题,不需要确定答案的修辞手法。导游词中设问的用法比较普遍,常见于开头设问、中间设问和结尾设问。从设问对象看,设问可以分为自问,顺着旅游者思路发问和直接对旅游者发问。设问可以造成悬念,使平铺直叙的叙述变得跌宕起伏,可以放慢讲解速度,留给游客思考的时间,可以使语气变得亲切、舒缓,融洽交际氛围。在导游词中巧妙地运用设问,可以收到理想的讲解效果。

**范文4.16**

川菜最突出的特色是什么?这就是厨师们善于掌握调味学中的辩证法,做到口味浓淡有致:"该浓则浓,该淡则淡,淡中带浓,浓而不腻,淡而不薄,变化无穷。"比如,同样是豆腐,既可以做成味浓味厚的麻辣豆腐,也可以做成清爽可口的口磨豆腐,以致做出上百种不同制作方法和口味的豆腐菜系。

设问的运用要注意把握设问的技巧,选择疑问句的形式和提问的方式,切忌因不当设问冒犯旅游者。

(9)反问

反问也叫反诘,是用疑问的形式表达某种确定的意思,只问不答的修辞手法。在导游词中,反问主要用于导游员对各种景观或相关事物的主观评价中,表达更鲜明的态度、更强烈的感情,给人留下深刻的印象。可以用在开头、中间和末尾。

**范文4.17**

朋友们,你们不远千里甚至万里来到这里,不就是要亲眼看一看黄山的美吗?不就是要感受一次人生的快乐吗?是的,黄山是绝美的,可以说是天下第一奇山,能够登临它,亲眼看一看它,确实是人生的一大乐事。

以上的反问句表达了强烈的语气和鲜明的感情色彩。

(10)换算

换算,是把抽象的或需要特别强调的数字加以形象化描述的修辞手法。在导游词中通过数字换算可以把所要描述的对象变得具体可感,生动活泼,给人留下深刻的印象。

**范文 4.18**

慈禧是一个爱奢侈的人,就拿吃饭来说吧,颐和园内共有 8 个大院是专门为慈禧太后做饭的厨房,每天有 120 人为她的三餐忙活。慈禧太后每天两顿正餐,两顿小吃,用膳时一般摆三桌,一桌供吃,一桌供看,一桌供装饰。每顿正餐需主食 60 种,茶点 30 种,各色佳肴 128 种,一天的餐费为白银 60 两,当时可买 5 000千克大米,可供四口之家生活一年有余,真是"帝后一席饭,百姓数年粮"。

这些换算的运用,引发了旅游者无限的想象和联想,增强了讲解效果。在运用时要注意数字要准确无误,换算也应正确,使旅游者获得真实具体的信息。

**3)导游词写作的注意事项**

(1)注意内容的知识性和准确性

在旅游活动中,旅游者有求新、求奇、求知、求美的需要,旅游者一般都希望增长见闻、扩充知识。优秀的导游词不仅能使旅游者得到美的享受,激发他们的兴趣,而且能够巧妙地传递适量的知识,并且这些知识应该是真实的、严谨的、准确无误的,这就要求导游词的内容应注意知识性和准确性。一篇优秀的导游词必须有丰富的内容,融入各类知识并旁征博引、融会贯通、引人入胜,这就要求导游词的内容必须准确无误,令人信服。要做到知识内容的准确性,要求导游尽可能查找到第一手资料,核实无误。要有严肃认真的态度,讲究斟词酌句,选取恰当的词语,准确表达意思。如动不动就是"世界上""全世界最美的""最高的""最大的""独一无二的"等,这类信口开河的词语会引起旅游者反感。

(2)注意讲解的针对性和灵活性

导游词写作时注意针对性和灵活性,一方面是指针对游览客体的不同特点调整讲解内容和方法;另一方面是指针对不同的导游对象对导游词进行灵活调整。导游服务的对象是国内外的广大旅游者,这些旅游者往往具有不同的身份、年龄、性别、国籍、宗教信仰、风俗习惯、语言文字、兴趣爱好等,他们有不同的个性,其受教育程度、审美情趣、旅游动机也有所不同,面对复杂多样的旅游者,为他们提供有针对性的导游讲解服务,才能真正受到他们的欢迎。

(3)注意表达的情感性和趣味性

导游讲解的情感性和趣味性,是指导游员对旅游景观的介绍不是抽象的、程式化的,而是形象生动、轻松愉快、妙趣横生、富有感情色彩的。

情感性表现为导游要随景而动,喜游乐导,动之以情,以情感打动游客,激发游客的游兴。在导游过程中,要想唤起游客的共鸣,就得在讲解中"动之以情,晓之以理",也就是说,要情真意切。如:一个香港旅行团一到杭州就遇上绵绵阴雨,因此游客的情绪十分低落。导游员说:"天公真是太作美了,一听说远道而来的客人要游览西湖,就连忙下起蒙蒙细雨。大家还记得苏东坡的那首诗吗?'水光潋滟晴方好,山色空蒙雨亦奇。若把西湖比西子,淡妆浓抹总相宜。'今天我们有幸能亲自感受一下雨中西湖的诗情画意,真是天赐良机啊!"导游的几句话很快使游客低落的情绪高涨起来。

趣味性表现为导游巧妙运用各种语言技巧,如运用双关、反语、顶针、夸张等修辞技巧和置疑、巧设悬念、借题发挥等表达技巧,增强讲解的吸引力,活跃讲解气氛。另外导游语言的口语化也可以增强导游词的趣味性,使游客感到轻松、愉快。例如在苏州西园的五百罗汉堂里,导游人员指着那尊"疯僧"塑像逗趣说:"朋友们,这个疯和尚有个雅号叫'十不全',就是说,有十样毛病:歪嘴、驼背、斗鸡眼、招风耳朵、癞痢头、跷脚、抓手、鸡胸、斜肩胛,外加一个歪鼻头。大家别看他相貌不完美,但残而不丑,从正面、左面、右面看,你会找到喜、怒、哀、乐等多种感觉……。另外,那边还有五百罗汉,大家不妨去找找看,也许能发现酷似自己的'光辉形象'。"这番风趣的讲解,逗得游客捧腹大笑,乐此不疲,游兴顿增。

(4)注意言辞的礼貌性和融洽性

为了提高导游讲解效果,实现优秀的导游服务,就要注意调节导游交际气氛,使之亲切、融洽。这就要求导游词的语言要能有效地打动、吸引、感染、抚慰旅游者,尽可能在最大限度上与旅游者形成感情上的共鸣,以寻求游客最大可能的理解与支持。因此,在用语要注意亲切、礼貌、热情、谦虚,充分体现出对游客的尊重。在导游讲解中不要夸夸其谈、不懂装懂,也不要用"导演""老师"那种指挥人、教育人的口吻,如"我告诉你们""大家应该这样理解""你们一定不知道吧"等,不尊重客人,缺乏礼貌,只会引起游客反感,影响客人游览的兴致。

# 4.2 景区、景点介绍的性质、特点及写作方法

景区、景点的介绍,能帮助游客加深对景区、景点的了解,增长知识,提高欣赏水平,获得美的享受。景区、景点介绍在于揭示、表现大自然和历史差异性。把它们展现得越美丽、越新奇、越独特、越风情,越能激发游客观赏大自然的兴趣,同时还能诱发潜在的旅游者产生旅游动机。

## 4.2.1 景区、景点介绍的性质

旅游景区景点介绍是为参观者提供介绍和说明性的游览材料。它是向游客、社会公众真实地介绍景区、景点的内涵、形态、功能、特点等内容的文字。

旅游景区、景点是一个可供人们前来休闲、娱乐、游览、观光、度假、健身等的专门场所,一般包括:风景名胜区、文博院馆、寺庙观堂、旅游度假区、自然保护区、主题公园、森林公园、地质公园、游乐园、动物园、植物园以及工业、农业、经贸、科教、军事、体育、文化艺术等。旅游景区景点是旅游业发展的重要因素之一,我国旅游资源丰富,旅游景区景点众多,既体现了我国旅游业的形象,又直接关系到我国旅游业的发展水平和在国际上的竞争力。改革开放以来,旅游景区景点发展很快,随着旅游行业竞争的加剧,对旅游景区、景点的宣传促销就显得非常重要。好的景区、景点介绍,能够帮助人们加深对景区、景点的了解,增长知识,获得美的享受。

## 4.2.2 景区、景点介绍的结构

### 1)景区介绍的结构

景区由若干景点组合而成。景区介绍的结构一般包括概述景区、分述景点,一般要把人文民俗、传说典故、风味特产等的介绍融于其中。

景区介绍根据对象的不同,其结构也有所区别,常见的有三种类型。

(1)介绍自然景区(以黄果树瀑布为例)

自然景区的介绍:包括位置、结构、特色、评价四个方面。

位置:介绍景区所在地理位置。

**范文4.19**

黄果树国家重点风景名胜区位于贵州省西南部,距省会贵阳市128千米,距西部旅游中心城市安顺市区45千米。

结构:介绍景区地质结构、规模,山有多高、水有多长、湖有多宽、洞有多奇、占地面积多大、主要景点有多少等。

**范文4.20**

景区内以黄果树大瀑布(高77.8米,宽101.0米)为中心,分布着雄、奇、险、秀,风格各异的大小18个瀑布,形成一个庞大的瀑布"家族"。分布有石头寨景区、天星桥景区、滴水滩瀑布景区、霸陵河峡谷三国古驿道景区、陡坡塘景区、郎

宫等几大景区。

特色:介绍景区所独有的物象、气象,与其他景区的差异性及其特有的价值等。

**范文 4.21**

黄果树大瀑布是黄果树瀑布群中最为壮观的瀑布,是世界上唯一可以从上、下、前、后、左、右 6 个方位观赏的瀑布,也是世界上有水帘洞自然贯通且能从洞内外听、观、摸的瀑布。黄果树景区内风景秀丽、环境优美、空气清新(经省级环保部门测定每立方厘米的空气中含负氧离子 2.8 万个以上)、气候宜人(每年平均气温 16 ℃左右)。有着悠久的历史文化,设施完善,是休闲、度假、观光、疗养、吸氧"洗肺"的理想胜地。

评价:作者或游人对景区、景点的评价,特别是名人和权威组织的评价。

**范文 4.22**

黄果树瀑布被世界吉尼斯总部评为世界上最大的瀑布群,列入吉尼斯世界纪录。明代伟大的旅行家徐霞客考察大瀑布赞叹道:"捣珠崩玉,飞沫反涌,如烟雾腾空,势甚雄伟;所谓'珠帘钩不卷,匹练挂遥峰',俱不足以拟其壮也,高峻数倍者有之,而从无此阔而大者。"

(2)介绍人文景观(以乐山大佛为例)

人文景观的介绍包括:位置、沿革、特色、评价四个方面。

位置:介绍景区所在地理位置。

**范文 4.23**

乐山大佛景区位于乐山市城东岷江、青衣江、大渡河三江汇流处,与乐山城隔江相望,北距成都 160 余千米。

沿革:是指人文景观始建年代、规模、经历的变迁及现状。

**范文 4.24**

乐山大佛是依凌云山栖霞峰临江峭壁凿造的一尊弥勒坐像,建于唐代,始凿于唐开元元年(公元 713 年),历时 90 余年方建成,通高 71 米,脚背宽 8.5 米,为当今世界第一大佛。自明、清以来的数百年间,大佛饱受自然风雨侵蚀,以致佛身千疮百孔,面目全非。1962 年,中国政府拨专款对佛像作全面维修,它那端庄清秀的真容才重见天日,此后大佛又批准列为国家重点文物保护单位。

特色:是指人文景观的独特风格,如名人轶事、传说典故、民俗乡情、风味特产等。

**范文 4.25**

大佛为一尊弥勒坐像,雍容大度,气魄雄伟。乐山大佛头与山齐,足踏大江,双手抚膝,通高 70 余米,头高约 15 米,头顶上可置圆桌。耳长 7 米,眼长 3.3 米,耳朵中间可站两个大汉。肩宽 28 米,可做篮球场。它的脚背上还可围坐百余人,是一个真正的巨人,是世界上最大的石刻大佛。

乐山大佛的开凿有这样一个传说。当时,岷江、大渡河、青衣江三江于此汇合,水流直冲凌云山脚,势不可挡,洪水季节水势更猛,过往船只常触壁粉碎。凌云寺名僧海通见此甚为不安,于是发起修造大佛之念,一使石块坠江减缓水势,二借佛力镇水。海通募集 20 年,筹得一笔款项,当时有一地方官前来索贿,海通怒斥:"目可自剜,佛财难得!"遂"自抉其目,捧盘致之"。海通去世后,剑南川西节度使韦皋,征集工匠,继续开凿,朝廷也诏赐盐麻税款予以资助,历时 90 年大佛终告完成。

评价:作者或游人对景区、景点的评价,特别是名人和权威组织的评价。

**范文 4.26**

乐山大佛被诗人誉为"山是一尊佛,佛是一座山"。大佛造型庄严,设计巧妙,排水设施隐而不见,使它历经千年风霜,至今仍然安坐在滔滔江水之畔,静观人间的沧海桑田,具有很高的艺术价值和丰富的文化内涵,是中华民族的文化瑰宝,是世界历史文化的宝贵遗产。1996 年 12 月 6 日,峨眉山—乐山大佛被联合国教科文组织批准为"世界文化与自然遗产",正式列入《世界遗产名录》。

(3)介绍综合景区状况

综合景区介绍一般包括:位置、结构、沿革、特色、评价几部分。这些都综合自然景区和人文景区的内容。

例如,承德避暑山庄外八庙风景名胜区介绍:

位置:位于河北省承德市,坐落在峰峦起伏的山谷盆地之中。

结构、沿革:避暑山庄是清朝皇帝的行宫,是我国现存最大的皇家园林。清康熙四十二年(1703 年)开始兴建,康熙四十六年粗具规模,称热河行宫。康熙五十年康熙帝在山庄午门上题额"避暑山庄"。乾隆五十七年(1792 年)竣工。全园占地面积 564 万平方米,周围绕以虎皮石墙,长达 10 千米,四周有大小门 10 个。山庄分宫殿区和苑景区两部分。

特色:山庄风景优美,有山有泉,气候凉爽,为夏季避暑胜地。宫殿布局严谨,建筑朴素;苑景充分利用丰富多彩的自然地形,运用我国传统造园手法,集中了古代南北园林艺术之精华。外八庙融合了汉、蒙、藏等民族的建筑形式,如众星拱月,环列于山庄的东部和北部。

评价:分布于群山中的奇峰异石,如磐锤峰、双塔峰、罗汉山等与山庄建筑相互映衬,使人文美和自然美融合一体。1994 年 12 月,承德避暑山庄及外八庙被

联合国教科文组织遗产委员会列入《世界遗产名录》。

### 2)景点介绍的结构

景点介绍的结构基本上与景区相似,一般来说,景点介绍是汇合于景区介绍之中,先介绍景区概况,再重点介绍景点。

**范文4.27**

峨眉山位于乐山市的峨眉山市境内,距成都160千米,面积300多平方千米,是大峨山、二峨山、三峨山的总称。因大峨、二峨山远望相对如峨眉,故称峨眉山。主峰万佛顶海拔3 099米。

峨眉山以雄秀神奇闻名于世,景区古雅神奇,雄秀挺拔,气候独特多变,花木繁多,具有春荣、夏丽、秋幽、冬静,万姿千态的自然景色,有"峨眉天下秀"的美称。峨眉山平畴突起,巍峨磅礴,重峦叠嶂,烟雾缭绕,山山有奇景,十里不同天,形成了"罗峰晴云,圣积晚钟,双桥清音,洪椿晓雨,白水秋风,九老仙府,象池夜月,灵岩叠翠,大坪霁雪,金顶祥光"十大景观,还有佛光、日出、云海、圣灯四大奇观。

洪椿坪又名千佛庵,因寺外有千年洪椿古树而改名洪椿坪,寺中有清代乾隆年间的"正明司碑",刻有汉藏二文,记述藏传佛教徒朝拜峨眉始略,是四川唯一的木质汉藏文木碑。另外,"洪椿晓雨"是峨眉山的十大胜景之一,特点主要是"山行本无雨,空翠湿人衣"。……

洗象池原名初喜亭,意为游人到此,以为快到顶了,心里欢喜。此处属高寒地带,雨雪较重,故而其殿矮小,且用铅皮盖房,其中有弥勒殿、大雄宝殿和观音殿。"象池夜月"为峨眉山十景之一:每当云收雾敛,碧空万里,月朗中天,宛若置身云霄,令人气爽神怡。由于此地是游人必经之地,1982年国家投资在寺外新建客舍四幢,成为山中大寺之一。

金顶为峨眉山游程的最高峰,其海拔为3 077米,顶上是个小平原,原有铜殿一座,在太阳的照射下,光彩夺目,故而得名金顶。登上金顶,人们顿觉万象排空,气势磅礴,惊叹天地之奇妙。极目四望,成都平原尽收眼底,千山万岭,起伏如浪,岷江、青衣江、大渡河、大雪山、瓦屋山、贡嘎山历历在目。……

## 4.2.3 景区、景点介绍的写作方法

### 1)导入方法

景区、景点介绍的开头,首先往往要说明它的位置,可见位置导入是常见的

导入方式。其次,评价导入也是常用的方法。

范文 4.28

踏足雪域大地,没有人不登布达拉宫的。它是拉萨这座雪域之都乃至整个青藏高原的象征,不仅闻名全国,更闻名于世界。这座以极高的历史价值和旷世之宝闻名于世的宫殿,以其高贵威严的雄姿屹立在拉萨城内的红山之上。伫立在布达拉宫广场翘首仰望,只见殿宇巍峨、金顶入云、曲径回廊重重叠叠。那拔地凌空的气势,那金碧辉煌的色调真如天上宫阙一般。

### 2)提炼技巧

景区、景点介绍要突出差异性,反映其独特风貌,就必须提炼出景区、景点的特色——或雄或险,或新或奇,或神或怪,或秀或幽,或独有遗存,或别具乡情,或特有风味,或独具功能等。提炼时要记住商界名言:"你无我有,你有我新。"

范文 4.29

黄山的四绝:奇松、怪石、云海、温泉;九寨沟的彩色湖泊,无数飞瀑;峨眉山高出五岳,秀甲九州,佛教圣地,金顶佛光;长江三峡两岸群山壁立,崔巍摩天,幽险峻峭;桂林山水甲天下;武陵源的石峰危岩平地拔起,湖、潭、溪、瀑比比皆是;洛阳的龙门石窟;敦煌的壁画;吉林白城的生态旅游;河北六里坪的天然氧吧;西双版纳的原始森林,浓郁的乡情,难忘的泼水节等。

景区、景点介绍贵在有特色,但这并不等于文字内容一成不变。表现同一特点,可有不同的角度和手法。自然美和人文美既需要认识,也是可以发掘的。只有不断地学习、钻研、探索,敢于创新,才能写出独具魅力的景区、景点介绍。

### 3)结束技巧

(1)述景结束

例如,《四姑娘山的介绍》结尾写到:"四姑娘山以雄峻挺拔闻名,山体陡峭,直指蓝天,冰雪覆盖,银光照人。在高原特有的洁净透明的蓝天下,由皑皑雪山、奇峰异树、瀑布飞泉、草甸溪流交融构织而成的绝美景色分外诱人。"

(2)述事结束

例如,《石宝寨介绍》结尾写道:"在石宝寨后殿有块巨石,上有一天然小孔,口大如杯,称"流米洞"。相传很久以前,每天有白米自石洞流出,正巧供庙内和尚食用,如有客来,会多流出些,但只够吃而无余,故称"石米"。石宝寨也因之叫"石宝"。后来,和尚们想多得一些米,派小和尚偷偷地把石洞凿大,结果石洞粒米不流了。贪心的和尚得到了应有的惩罚。此传说颇耐人寻味,寓意所在,不言而喻。

(3)诱发结束

例如,《剑门关介绍》在结尾写道:"夔门天下雄,剑门天下险。"作为天府之国通往中原和华东的两大门户之一,剑门关是古蜀道通往中原的必经之地,也正因其险要,才为历代兵家所必争。地理位置的险峻,加上惊心动魄的战火硝烟,共同塑造了剑门关惊险绝伦的精神特征。

# 4.3　旅游指南的性质、结构及写作方法

旅游指南是对有关游览、食宿、购物、交通等情况加以介绍说明的应用文。也称旅游手册大观、旅游便览必备,以及旅行图、游览图等。

旅游指南对旅游资源、旅游设施及旅游服务起到宣传和推销作用;同时又是旅游者和潜在旅游者的良师益友,帮助他们了解旅游信息、选择旅游线路、安排旅游活动。

## 4.3.1　旅游指南的性质

广义的旅游指南为旅游者提供游览胜地的介绍和相关旅游服务信息。能对旅游活动起指导作用的书籍统称为旅游指南,如《旅游揽胜》《北京博览》《中华文物古迹旅游》《实用导游》《旅游手册》等。狭义的旅游指南是指对旅游资源有关游览、食宿、购物、交通等情况加以介绍说明的应用文。我们主要掌握狭义的旅游指南的写作方法。

旅游指南和导游词、景区景点介绍一样,都有对旅游资源的介绍、宣传和推销的作用,但旅游指南与它们不同的是,还有对旅游设施及旅游服务的介绍、宣传和推销,对游客的游览活动具有十分明显的引导作用。它提供重要信息来引导旅游者制订旅游计划,选择相关游览景观,享受旅游服务。此外,旅游指南还有较强的服务意识,能为旅游者提供交通、住宿、购物、饮食、娱乐、气候特点等各方面内容的旅游服务信息,使旅游者能够根据其相关信息妥善安排自己旅游活动中的衣食住行,充分享受各种相关的便利条件及配套的旅游服务设施,使旅游活动能顺利而高质量地进行。

## 4.3.2　旅游指南的结构

旅游指南没有固定的格式,一般都应包括标题、正文、图表、附录等几部分。

**1)标题**

常用的标题有单项标题"出国旅游指南""周末旅游指南""首都观光指南""中国历史文化名城指南"等。

复式标题如"出境旅游指南——港澳新马泰""桂林山水甲天下——国际旅游的明珠""请君游览天下奇观——第一座国家森林公园——张家界"等。

**2)正文**

旅游活动是人类的一种特殊的生活方式,是一种较高层次的经济与文化的消费和享受,涉及人生需求的许多方面,诸如行、游、吃、住等,具有较强的综合性,因此旅游指南正文必须包括旅游资源、旅游设施和旅游服务等内容。

(1)充分介绍旅游地区的旅游资源

旅游资源是旅游地区发展旅游业的物质基础,也是招徕旅游者,诱导人们产生旅游动机或形成旅游行为的旅游吸引物。旅游资源的内容非常丰富,全国各地的旅游资源有很大的差异。正是各自的特点或者说彼此的差异,才对旅游者构成吸引力。通常应把旅游资源及其特色的介绍说明作为正文部分的主要内容。

旅游资源的介绍说明应详细,其名称、地理位置、游览价值和景观特色要说明清楚,同时还要把游客感兴趣的有关民间传说、历史掌故以及名人的题咏、评价等知识简单陈述。

如:天堂般的苏杭、甲天下的桂林、文化古都西安、政治文化中心首都北京、购物天堂香港等,这些地方都有独特魅力的旅游资源。旅游指南在介绍旅游资源时,要求充分展现特点。比如《北京旅游手册》在介绍北京的历史、政治文化概况的基础上,重点介绍故宫、长城、颐和园、长城、十三陵等。

(2)介绍必要的旅游设施

旅游设施是为了满足旅游者的六大需要而建立的机构和设施。比如旅游饭店、交通、商店、通信、游乐场所、医疗保健等相关部分。旅游者外出希望得到安全、舒适、迅速、方便、周到的服务和高质量的享受。因此,仅有丰富的旅游资源还不够,还必须具备发展旅游业的基础。旅游设施齐全,能满足旅游者的需要,旅游者才会到某地旅游。因此,旅游指南必须介绍必要的旅游设施。

正文的结构形式,通常有分列式和短文式两种。

分列式的写法,通常用于篇幅较长、内容较广泛,以文字为主的旅游指南。这种写法,是把说明内容分成游览、食宿、交通、购物、特产、旅游日程安排几部分,每一部分按不同的项目,分条理地进行说明,有的还可以在每部分前加小标题。如《杭州旅游必备》正文包括"人间天堂""杭州简介""西湖明景""大堂胜景""博览旅游""特色旅游""问路寻巷""客运交通""饮食住宿""购物指南""名医名院""旅游服务"等专题的介绍。短文式的写法通常用于篇幅短小、内容有侧重,或以图表为主的旅游指南。这种写法,概括介绍游览地,重点介绍旅游资源,优点是简明扼要,重点突出。

(3)图表

旅游指南的图表一般包括游览图、照片和表格。

语言文字在介绍旅游资源和旅游设施方面有重要的作用,但是,不能忽视图表的作用。因为文字叙述和描绘无论多么精美,给人的印象总不是那么直观。所谓百闻不如一见,千言万语不及一张地图和一张照片。图表和照片给人以直观的感受,简便、明白。比如介绍北京的旅游景点故宫、天安门、长城、颐和园如不配上照片,介绍北京的概貌、交通如不配上地图,尽管用了许多文字,费了九牛二虎之力,也难将它们说清楚。有照片、地图,旅游者便有较明晰的印象,因此,谈到重要性,图表照片在文字之上。

(4)附录

旅游指南根据需要,可以收集一些有关的资料作为附录,以补正文的不足。因为旅游指南一般不易写得过细、过深,应当简明、易读、使用方便,提供的材料新、实、细、权威。为了节省正文的篇幅,有些内容又与旅游景点或与旅游活动有关,可以列入附录部分。这部分可备而不用,也可增加旅游者的有关指示或者情趣。

如有的旅游指南的附录是购物、摄影、安全、卫生等有关旅游常识;有的附有有关景区的名人诗词、书画;有的附有古人的游记、诗词名篇;还有的附有旅游须知,说明开放时间、游览路线、购买商品的事项、服务设施等。像《故宫》除正文之外还附了中国历史年代表、明清各朝年表、故宫博物院参观路线等。

总之,旅游指南内容和形式多种多样,并不是都必须具备附录部分,应根据不同性质、不同的需要决定是否要附录。

### 4.3.3　旅游指南的写作方法

**1)旅游指南的写作要点**

①宣传、展示旅游景区、景点和旅游环境及设施的内涵。无论是什么类型的

景区、景点,要在有限的文字里充分将其最重要的部分表达出来,解答游客的疑问,同时让潜在游客和社会公众了解其基本情况。

②说明旅游景区、景点和旅游环境及设施的形态以及它们的类型。比如是观光型的,还是参与型的,为不同爱好、不同性情的游客作选择服务。

③突出旅游景区、景点和旅游环境及设施的个性。个性就是特色,个性就是优势。一般意义上说,旅游景区、景点介绍和旅游指南在个性和共性方面都会涉及,但要注意突出个性,要使其更鲜明、更突出,从而增强对游客的吸引力。

④突出旅游环境、周边设施及其功能。这要解决自助驾车游和"背包客"的需求,解答游客怎样去、怎样更节约时间、需多少费用等疑问。

**2)旅游指南写作中应注意的问题**

(1)知识性与真实性相结合,具有实用性

从编写的内容方面讲,旅游指南要注意知识性与真实性结合,具有较强的适用性,具体表现为材料要新颖、真实、周全。

首先要新颖。因为旅游事业的发展变化很快,无论是旅游资源、旅游设施,还是旅游机构,都在不断的发生变化,如果旅游指南提供的信息陈旧,就失去了指南的作用,不能以出版多年的书和图为依据。住、食、购、娱要以最新的饭店、餐厅、商场为依据;行要以交通部门最新出版的地图为依据;游要以最新的景观资料为依据。因此,旅游指南要不断地修改和新编。

其次要真实。编写指南一定要实事求是,对所涉及的史料、年代、数字、人名、名人题词等都应当考证核实,如果提供的信息资料是虚假的,不仅无法指导游人的活动,而且会使旅游者有上当受骗的感觉,会给旅游地造成恶劣影响。

最后要周全。周全就是以符合旅游者的需要为原则,要选择旅游者最需要的内容,另外旅游指南的文字表述要简明,注意使用平实的语言风格。

(2)要紧扣旅游,要有科学性和旅游价值

旅游指南的目的是要吸引潜在的旅游者,帮助、指导旅游者游览,此外还有宣传功能。因此为了吸引游客,文章中常常涉及一些新奇的事物,突出介绍和说明旅游资源的价值及优势。根据客观实际科学地介绍一些新奇的事物是必要的,比如地形地貌的地理学知识,动植物知识,社会学、人文学知识等。

在旅游指南中,科学合理地安排旅游指南的内容还要求充分反映景点之间的联系,因为旅游者对旅游目的地景点的地理位置、游览所需的时间、景点之间的内在联系都不熟悉。

(3)语言要简明、朴实、优美、形象,要有趣味性

语言简明朴实又通俗,是一般应用文的共同要求,旅游指南也不例外,为了

更有效地吸引潜在的旅游者,还要讲究语言的优美、形象。同时旅游指南还要注意趣味性,因为它在指导旅游活动之外,还具有宣传的功能和欣赏价值,使人们在轻松愉快中获得知识,获得艺术的享受。

总之,编写旅游指南要有正确的定位,应根据旅游市场的需要精心设计。目前《新婚夫妇旅游指南》《双休日旅游指南》《大众旅游实用指南》《中国生态旅游指南》等的定位就比较准确,选题适应了中国当前的潮流和热点。

教学中可以当地景点的《旅游指南》为参考教材。

**本章小结**

导游词是导游员在引导旅游活动中对旅游景区、景点的生动、详细、全面的介绍和对于旅游景区景点的风土人情、旅游产品的说明、讲解;旅游景区、景点介绍侧重于揭示、表现自然地理和人文地理环境的差异性,激发人们的好奇心,帮助人们加深对景区、景点的了解,既增长了人们的知识,又宣传了景区景点;旅游指南除了概述介绍景区、景点外,还要介绍旅游设施及旅游服务,具有指导旅游活动的作用。

**本章自测**

1. 导游词的性质和作用?

2. 导游词有哪些表达方式?

3. 下列导游词运用了那种修辞手法?

(1)导游在介绍故宫的面积是这样讲述的:故宫的面积只是天安门广场的两倍,比法国凡尔赛宫还要大,是日本平安神宫的 10 倍。

(2)建筑是流动的音乐,随着历史的变迁,建筑的风格也在不断的变化,这就是有着九朝古都的河南洛阳。

4. 对自己熟悉的景点写一则导游词,不少于 300 字。

5. 为你熟悉的某一景区写一篇简短的《旅游指南》。

# 第5章
# 旅游广告文及写作方法

**【本章导读】**

旅游广告是广告大家族中重要的成员,旅游业的繁荣发展,将在更大的程度上依赖于广告的支持。本章从广告入手,在初步掌握广告的基本知识的基础上,对旅游广告文这一应用文体的结构及写作方法作了介绍。

**【关键词】**

广告　旅游广告　结构　写作

**【案例导入】**

一个旅游景点的推出、一个产品的上市都离不开广告,过去是好酒不怕巷子深,皇帝的女儿不愁嫁,随着社会、通信的发展,产品的多样化,消费者选择产品的机会越来越多。

"让世界来呼吸云南",这是云南省的旅游口号。宜人的气候,秀丽的风光,浓郁的风情,对于长时间生活在钢筋水泥中的都市人来说,无疑极具诱惑力。

## 5.1　广告的含义和渊源

广告是为了某种特定的需要,经过大众传媒公开而广泛地向社会传递信息的一种宣传文本,它能通过广告语言、文字、图像让人们了解商品,是商品推销的主要手段,因此,广告成了商品经济条件下最常见、最普遍的应用文体。

### 5.1.1　广告的含义

广告一词,据考证是一外来语。它源于拉丁文 Adventure,其意思是吸引人注意。后演变为 Advertise,其含义演化为"使某人注意到某件事",或"通知别人某件事,以引起他人的注意"。直到17世纪末,英国开始进行大规模的商业活

动,广告一词便广泛地流行并被使用。此时的"广告",已不单指一则广告,而指一系列的广告活动。

广告,从汉语的字面意义理解,就是"广而告之",这是对广告的一种广义的解释,即向公众通知某一件事,或劝告大众遵守某一规定。我国《广告法》这样给广告定义:"广告是指商品经营者或者服务提供者承担费用,通过一定媒体和形式直接或者间接地介绍自己所推销的商品或者所提供的服务的商业活动。"

广告有广义和狭义之分,它们具有不同的特点,其定义的特性范围也是不一样的。广义的主要特点是内容和对象都比较广泛,包括赢利性广告和非赢利性广告。属赢利性广告是为了推销商品和劳务,获取利益;属非赢利性广告则是为了达到某种宣传目的。如西方国家的竞选广告,中央电视台的"广而告之"节目属于非赢利性广告。狭义广告是指赢利性广告,是一种付费用的宣传,称为经济广告或商业广告,如报刊、电台和电视台的广告节目,以及招贴、幻灯、橱窗布置和商品陈列等。我们通常讲的广告,就是指的狭义广告。

## 5.1.2 广告的渊源

### 1)原始广告

广告是商品经济的产物,自从有了商品生产和交换,广告也随之出现。世界上最早的广告是通过声音进行的,叫口头广告,又称叫卖广告,这是最原始、最简单的广告形式。早在奴隶社会初期的古希腊,人们通过叫卖来贩卖奴隶、牲畜,公开宣传并吆喝出有节奏的广告。古代商业高度发达的迦太基就曾以全城无数的叫卖声而闻名。

商标字号也是古老的广告形式之一。商店的字号起源于古城庞贝。在古罗马帝国,人们用字号标记来做角斗和马戏团表演的广告。商标字号都是象征的,如古罗马的一家奶品厂就以山羊做标记;一条骡子拉磨盘表示面包房;而一个孩子被鞭子抽打则是一所学校采用的标记。在中世纪的英国,一只手臂挥锤表示金匠作坊;三只鸽子和一只节杖表示纺线厂。伦敦的第一家印第安雪茄烟厂的标记,是由造船木工用船上的桅杆雕刻出来的。

在我国古代,继声音广告之后而出现的则是"悬帜"广告。酒店开设在固定场所,为了招徕顾客,抛出一面酒旗,这也是吸引顾客的广告形式。这种形式后来沿用不断,除了酒旗外,其他行业也有各种标志性的广告形式。用葫芦作为药铺的象征性标志,悬挂街头或药铺的门前。这里的"悬旗""悬壶"给人以非常醒目的视觉效果,用现代话说,就是"招牌广告"。

### 2）近代广告

我国毕昇最先发明了活字印刷术，最早的工商业印刷是北宋时期（公元960—1127年）济南刘家针铺的广告铜版，现存于上海博物馆。这是至今发现的世界最早的印刷广告物。印刷术从中国传到西方后，使西方广告进入了新的阶段。

被认为是美国广告业之父的本杰明·富兰克林，首次刊登的是一则推销肥皂的广告。他所选写的一篇最著名的广告作品要算为宾夕法尼亚壁炉厂所做的推销广告了。这种壁炉后来定名为"富兰克林炉"。广告是这样写的：带有小通风孔的壁炉能使冷空气从每个孔源钻进室内，所以坐在这通风孔前是非常不舒服并且是危险的——而尤其是妇女，因为在家里静坐的时间比较长，经常因为上述原因致使头部受风寒，鼻流清涕，口眼歪斜，终至延及下颌、牙床，这便是美国好多人满口好牙过早损坏的一个原因之一。

从上述的广告里可以看到，富兰克林和当代巧妙的广告作家一样，强调使用产品的收益，而不是单纯介绍产品。

### 3）现代广告

随着资本主义大生产的出现，商品生产的高度发展，交换规模变大，市场扩展到世界范围，市场竞争异常激烈，加上科学技术的昌盛，广告可以利用各种先进媒体与技术传递经济信息，促进销售，已成为发达国家工商企业的重要推销手段。

第二次世界大战后，由于竞争进一步加剧和科学技术的突飞猛进，推动了广告业的迅速发展。电视机、录像机、玻璃屏幕投影电视、印刷油墨、纸张、复印技术和彩色印刷方面的重大改进，各种杂志、报纸的大量增加，电子广告、霓虹广告、路牌广告、街车广告、售点广告、邮递广告及广告书刊大量涌现，使现代广告业得到了前所未有的发展。美国人说："你随便拿起一份报纸或杂志，打开电视，拆阅邮件，甚至走在路上接一个电话，都会受到广告的疲劳轰炸。"

# 5.2 广告的特点、功能及分类

根据现代广告的内涵和外延，无论是经济广告还是公益广告，在制作和传播中都包含大量技术、信息、知识等。一些精美的广告，采用了先进的科学技术，运用先进的制作手法，蕴含着丰富的科学文化知识，宣传产品的功能和特点，宣传

安全卫生、环境保护、文物保护、人际关系、道德品质等精神文明的有关知识和观念,使人们生活过得更科学、充实、舒适、幸福。因此,好的广告可以成为人们的"良师益友"。

## 5.2.1 广告的特点

### 1)知识的综合性

面对众多的新产品,对于为新产品开拓潜在市场的广告来说,知识的综合性已成为现代广告生存和发展的关键因素。近20年来,在推销电子计算机时,应用告知性语言做法是不够的,它必须运用广泛的知识向消费者进行说明性的诉求。因此,知识的综合性是现代广告的特性之一。

### 2)信息的筛选性

现代广告是一种信息传播活动。商业信息已成为现代广告活动的劳动对象与劳动产品。如果没有信息资源,也就没有现代广告。由于广告是信息的载体,当信源发出信息之后,必须经过广告人的处理加工。因此,现代广告不仅是传播信息的工具,而且还是鉴别、剔除、筛选不可靠信息的把关者。

### 3)媒体的新型性

随着科学技术的发展,广告媒体向着多样化、新型化的方向发展。今日的广告媒体除大众媒体起着主体作用外,近年来,电子化的路牌广告、录像广告、空中广告、香味广告等形式风行整个世界广告业。媒体的新型化,使广告空间不断扩大。

### 4)传播的快捷性

古代广告的传播范围,远近不过百里左右,而今日的广告传播,近的在国内,远的可以传播到世界各地,其快捷程度像"闪电"一样,这是古代广告无法比拟的。

### 5)策划的科学性

由于现代广告是由众多知识形成的信息传播活动,因而,现代广告不是画出来的,它是由现代广告人按照科学的方法,通过市场调查、产品分析研究、广告目标选择、精心构思等广告活动策划出来的。因此,现代广告不再是随心所欲的产物,而是科学策划的产物。

### 6)创意的艺术性

古代广告是叫卖性的告知性广告,而现代广告是信息传播的艺术,其主要特点是通过广告人的创造性想象,使广告作品具有一种艺术感染力的意境、印象或形象。这就是现代广告所具有的特点。

**7)手段的先进性**

现代广告是科学技术飞跃发展和现代社会需要的产物。古代广告信息的处理主要靠手工,而现代广告信息的处理除了靠手工之外,更主要的是依靠先进的机器和电子计算机。由于电子计算机是速度快、效率高、数据准确的信息处理工具,在现代广告事业高度发达的国度里,使用先进的机器和电子计算机设计和制作广告已成为一种普遍现象。

**8)形式的多样性**

古代广告的表现形式局限在口头、文字和图画范围之内,而现代广告可以借助语言、文字、诗歌、音乐、戏剧、舞蹈、图画等形式来表现广告的内容,其诉求方式的多样性,也是古代广告没有的。

## 5.2.2 广告的功能

广告的功能是指广告活动为达成广告目标所表现出来的作用和效率。这种作用和效率是通过广告功能来实现的。广告的主要功能有:信息功能、联系功能、经济功能、社会功能、宣传功能等。

(1)信息传递功能

在现代广告业方兴未艾的今天,传播信息已成为现代广告体系中的神经系统。离开信息,广告就成为无源之水。因此,信息已成为现代广告运作中的主要资源,有人把广告业看成是信息产业,甚至有人还把广告看成是信息传播艺术。毋庸置疑,广告信息是一种特殊的信息资源,它具有古代广告所不具有的特殊功能。

(2)相互沟通功能

随着科学技术的发展,广告信息的流动是无国界的,它既不受时空的限制,也不受地域的影响。只要把广告信息传播出去,它不仅能沟通东南西北的信源与信宿之间的双向联系,而且还能沟通广告管理部门、广告经营部门、大众媒体之间的横向联系,从而提高了信息的价值,发挥了信息功能的作用和效率。

(3)推动经济发展功能

所谓经济功能,是指现代广告在沟通产供销的整个经济活动中所起的作用和效能。广告信息的流动每时每刻都与社会经济活动联系在一起,供求、价格等

信息无时不在影响社会经济活动。

(4)产生社会效应功能

现代广告的社会功能,是指现代广告在为社会服务、为公众服务、为社团服务、为生产者服务、为用户服务的过程中所起的作用和效应。它的功能不仅有助于产生经济效益,而且还产生社会效应。

(5)宣传教育功能

现代广告既是传播经济信息的工具,又是社会宣传的一种形式。所谓宣传,是指通过一定的形式向听众传递一定的信息,并影响听众的意识和行为。现代广告影响人们意识和行为过程,运用诉求的语言来引起人们的注意和兴趣,诱发人们的购买、参与的欲望,促使人们产生行动。

## 5.2.3 广告的分类

### 1)按广告性质划分

广告按性质可以分为商业广告、文化广告、社会广告、政府广告等。

(1)商业广告

商业广告系指以赢利为目的的商品和劳务广告。人们又称它为经济广告,主要指生产和流通领域及其服务行业的广告。它以宣传商品、商品生产,以及为生产和生活提供服务信息为主要内容的广告。在商品经济高度发达的国家里,这类广告的投资额超过其他广告。

(2)文化广告

文化广告系指传播科学、教育、文化、艺术、新闻出版、体育、卫生、电视、广播等各项文化事业信息的广告。这类广告具有鲜明的思想性。

(3)社会广告

社会广告系指以传播福利、保险、医疗保健、征婚、招聘、寻人、换房、挂失、对换工作等信息的广告。这类广告具有服务的性质。

(4)政府广告

政府广告系指传播国家公安、交通、法院、财政、卫生、环卫等部门的公告,具有广告的内涵,是一种非赢利性的广告。

### 2)按广告内容划分

广告按内容可以分为商品广告、企业广告、劳务广告、公益广告、来华广告和出口广告等。

(1)商品广告

商品广告指以推销产品为目的,而为消费者提供产品信息为其主要特征,其广告内容是以介绍商品的性质、特点、功能、商标、价格、使用价值为主。

(2)劳务广告

劳务广告指提供旅游、饭店、修理、影剧院节目等信息。这类广告以介绍劳务的性质、内容、服务方式等为主。

(3)企业广告

企业广告指以提高企业的知名度和声誉为目的,在消费者心目中树立可信任的形象的广告。其广告内容是介绍企业的指导思想、企业文化及其企业的经营方针和服务宗旨等。

(4)公益广告

公益广告指为公众切身利益服务的广告。如计划生育、公安交通、防盗、防火、城建、市容、卫生等内容的广告,均属为公众谋福利的广告。一般来说,这类广告是不收取费用的。

(5)来华广告

来华广告指外商在国内作的商品广告、企业广告和劳务广告。

(6)出口广告

出口广告指国内企业利用我国的广告媒体和国外媒体宣传出口产品的广告。

### 3)按广告形式划分

(1)促销式广告

促销式广告要求广告推出后,取得立竿见影的效果。因此,在制作上要突出画面、标题和内容,要用生动的语言和引人注目的图画引起读者的兴趣,达到指名购买的目的。

(2)理性诉求广告

理性诉求广告也称理由或说明广告。其内容是根据消费者的心理,以理智诉求的方式,充分说明商品的特点和好处,以促使消费者指名购买。这类广告重视证据,逻辑性强,以理服人,富有哲理。其特点是:借用某权威机构或专家的鉴定或赞许来说明商品的品质,并允许消费者当众试验,保证质量,如消费者买后不满意,可以包修、包换、包退。

(3)情绪诉求广告

情绪诉求广告又称暗示广告、兴趣广告。其主要内容是根据消费者的心理,以情感诉求的方式来打动消费者指名购买。这类广告主要是通过广告的暗示来

启迪人们潜意识的购买愿望,达到激发购买行为的目的。其特点是使用诉求语气,态度诚恳,动之以情,以情感人。

(4)告知性广告

告知性广告系指用布告的文体来制作的广告。比如招聘、招生、开业启事、挂失等。这类广告简明扼要,一目了然。

(5)新闻体广告

新闻体广告系指用类似新闻的格式撰写的广告。从广告内容上看,这类广告具有新闻的性质,如果广告内容不具有新闻价值,不能采用新闻体广告形式。

(6)比较式广告

比较式广告即将自己的商品与同类商品作比较,又称竞争广告。意在突出自己商品的优点或好处,但不能贬低同类产品,更不能在自己的广告上指名道姓地批评同类产品的缺点。

**4)按广告媒体划分**

广告媒体的范围很广、种类繁多,这类广告侧重于文字视觉。在现代广告活动中,常见的广告媒体有以下六大类。

(1)印刷媒体

印刷媒体包括报纸、杂志、图书、年鉴、产品目录、企业名录、电话簿、火车时刻表。

(2)电子媒体

电子媒体包括电视、广播、电影、电子显示大屏幕、扩音机、幻灯。

(3)邮寄广告

邮寄广告包括商品目录、商品说明书、宣传小册子、明信片、挂历广告。

(4)户外广告

户外广告包括广告牌、海报、旗帜广告、车厢广告、气球广告。

(5)展示广告

展示广告包括陈列、橱窗、门面广告、立式广告、柜式广告、活人广告。

(6)其他媒体

其他媒体包括火柴盒、手提包、包装纸、购物袋、香味广告。

# 5.3 旅游广告的特征、要素、写作方法

旅游广告是广告在旅游业的应用,是广告的一个分支,它是旅游企业事业单

位通过这种媒介,向社会介绍旅游商品和服务信息,从而促进旅游产品销售的一种宣传手段。

## 5.3.1　旅游广告的基本特征

所谓旅游广告,是旅游企事业单位通过一定的媒介,介绍旅游产品和旅游信息,以促进旅游产品销售的一种宣传方式。作为旅游广告具有以下基本特征:

①真实性。和其他广告一样,旅游广告一定要真实,离开了这一点,旅游广告就不是广告,而成为骗术。骗术只能骗一时,不能骗一世。真实地反映旅游客观存在是旅游广告的核心。

②赢利性。旅游广告是传播旅游信息,通过广而告之,让人们注意、感兴趣而使人们产生旅游的倾向性,促使人们进一步了解旅游市场的发展情况,引起人们参加旅游活动的欲望。旅游广告就是为了宣传旅游行业的最新信息,为其获得更多的客户。

③媒介性。如果把旅游广告比做泉水,媒介比做渠道。泉水必须有渠道才能流到田里。一个景区的推出、一个景点的介绍、一个饭店的开业,要通过媒介经营者的构思、文字、画面编成一则非常好的广告文向旅游者推出,如果没有或选择错了传播媒介,广告必然失败,旅游产品就无法推向市场。

④付费性。在市场经济中,任何广告都需要资金,没有不付费的广告(公益广告除外)。这一点是所有广告与其他信息传播最显著的区别。

## 5.3.2　旅游广告的创作要素

旅游广告作品的创作要素有:主题、创意、语文、形象、衬托等。旅游广告的创作,就是通过这几项创作要素,并使之有机地组合起来,成为一则完整的广告作品。

### 1)主题

主题是旅游广告的灵魂和中心思想。它是广告为达到某种目的而要说明的基本概念,是广告的核心。一则广告,必须有鲜明、突出的广告主题,使人们在接触广告之后,很容易理解广告要告诉他们什么,要求他们做些什么。

如:黄山旅游发展股份有限公司推出的《黄山银梦之旅》广告,其主题是观赏黄山壮观的冬雪。广告要达到这一目的,必须具有个性的景观,能吸引旅客。广告以"黄山四季皆胜景,唯有腊冬景更佳",突出黄山冬雪最引人入胜的特点。

人们都知道黄山有"四奇",依据人们的好奇心理,黄山的雪景——"银梦仙境",一定迷人。而且又以冬旅期间房价优惠进行招徕,自然会赢得更多的顾客。

### 2)创意

创意是表现广告主题的构思,它通过创造意境来表达主题。广告的创意能否表现广告的主题,直接关系到广告的效果。创意思考的原则,是摆脱旧的经验和意识的约束,从多方面去思考、革新自己的思维,发掘新的观念,并抓住灵机一动的思想火花。

如:中国旅行总社推出的"奇幻多姿澳洲行"广告,其创意就很有特色。其主景为悉尼歌剧院,贝壳型的建筑甚为抢眼,并以袋鼠、考拉等澳大利亚珍稀动物的小照片,构成了澳大利亚特有的风情画,十分美妙动人。这幅广告构思完整,形象鲜明,创造出一种迷人的意境。鉴于旅游产品的特殊性,其无法让客人直观或使用,又不能以单纯文字的说明或简单的"大酬宾"之类进行促销,所以作者借助于图画增强实感性。因此,在主题创意中就以世界著名悉尼大歌剧院风格独特、造型优美的建筑,形成了富有个性的一幅旅游广告。

### 3)语文

语文是旅游广告的语言文字,它是传递经济信息必不可少的手段和工具。旅游广告没有语言,就无法传递广告信息,不能让公众知道广告所宣传的内容。语文运用的原则,是必须表现广告主题,用精炼、准确和通俗易懂的词句,表现广告的号召力。

如:"世界之窗"的旅游广告其语言文字部分包括:

标题——世界之窗。

正文——深圳世界之窗文化旅游景区毗连"锦绣中华"与"中国民俗文化村",开业于 1994 年,占地 48 万平方米,集世界奇观、自然风光、民俗风情、民间歌舞于一园,再现一个美妙的世界……

标语——你给我一天时光,我给你一个世界!

随文——单位、电话、传真、地址。

### 4)形象

旅游广告形象是展示广告主题的有效办法。广告形象生动、别致,可以使广告更能引人注目,增加消费者信任感,给他们留下深刻印象。推销旅游景点和宾馆、饭店的广告,都要有完美的形象。如:中国旅新总社的"奇幻多姿澳洲行"、深圳世界之窗有限公司的"世界之窗"和黄山旅游发展有限公司的"黄山银梦之旅"等均有鲜明的形象。旅游产品特点不同,构成广告形象的方式方法也不同。

### 5) 衬托

衬托是广告常用的一种表现手法，可以突出主题。衬托的方法可以用相关的事物为背景从正面烘托，也可以用不同的事物从反面烘托。在不同种类的广告中，有不同的衬托表现手法。如："黄山银梦之旅"广告，突出的是冬日银色的奇山异峰，而且画面予以衬托的是茫茫的云海，文字中则以"黄山四季皆胜景"衬托黄山"唯有腊冬景更佳"。又如太阳帽广告，广告画面是盛夏时节在烈日之下，青年男女戴着太阳帽潇洒漫游，衬托太阳帽的功效，如果是阴天则起不到衬托作用。

## 5.3.3　旅游广告文的写作方法

完整的旅游广告文写作一般都包括标题、正文、标语和随文四部分。

### 1) 标题

旅游广告文的标题，是广告的题目，好比人的"眼睛"，它标明了广告的主旨，又是区分不同广告内容的标志。旅游广告标题具有点明主题、引人注意，从而诱使消费者阅读广告正文，加深印象，诱发人们潜在旅游欲望的功能。

标题可以分为以下几种类型：

（1）直接标题

直接以简明的文字表明广告的内容，使人们一看就知道广告的信息内涵。如：《金江宾馆欢迎你》《中国国际旅游公司为您服务》。

（2）间接标题

不直接点明广告的主题和主旨，而用耐人寻味的词句诱人转读正文和观看广告图片。这类标题富有情趣，以引人注目、诱发兴趣为主要目的，多采用比喻、习惯常用语或富有哲理性的文学语言。如：《行进在历史与现实之间》，如果只看标题并不知何意，看过正文之后，才知是旅游汽车广告。

（3）复合标题

复合标题是由引题、正题、副题等三种标题组成的标题群，其中两组标题又可以组合，如正题与副题、引题与正题复合标题。按写作技巧分，又分直接标题与间接标题。如：

从月球上俯瞰中国，唯一看到的风采　（引题）

长城　　　　　　　　　　　　　　　（正题）

中华民族的骄傲　　　　　　　　　　（副题）

旅游广告标题要增强广告的宣传效果,就必须兼顾读者的利益,使读者产生好奇心,有旅游的冲动,同时给旅游者增加知识,使旅游广告标题更具吸引力。在拟订旅游广告标题时,应注意以下要点:

①主题鲜明、画龙点睛。标题是广告内容的高度概括,要使人们看到标题就能理解广告的信息内容是什么,因此,广告标题必须结合主题且要鲜明,体现广告的主旨。

②简明扼要、内容具体。从记忆规律来看,广告标题以 7~12 字为宜,虽不能作硬性规定,但还是要坚持简洁明快的原则。广告标题的内容应是具体实在而不能含糊其辞或过于抽象,以免被人忽视,或由于令人费解而激发不起人们的兴趣。

③个性独特、引人注目。广告标题要有创意,特别是旅游广告标题要具有个性,且有独到之处,只有诱发公众的关心、好奇、喜悦等情绪,吸引人们参加到旅游活动中,才能够充分地发挥旅游广告的宣传效果。因此,标题在字体、字形和位置等各方面,都应考虑视觉化和艺术化,要能引起人的注意。

### 2)正文

旅游广告文的中心部分,除标题以外的文字说明,称为正文。旅游广告的目标内容主要是通过正文来反映的,它起着介绍旅游商品、树立旅游经营者形象和推动人们参加旅游活动的作用。正文的构思主要有以下三个方面可供参考:

(1)事实性

事实性即朝着完全符合事实的方向构思。这种方法最容易,把景区景点、旅游饭店以及旅游商品的地址、特点、功能、联系方式等告知公众即可。

(2)说服性

说服性即按说服的方向构思。以消费者所能得到的利益为前提,说服其参加旅游活动。说服的技巧有比较法、证明法等。

(3)感情性

感情性即向感情方向构思。在旅游广告文中讲究用词精美,字里行间充满人情味,富有感情的词句能够打动消费者,使之产生旅游的欲望。

这三个构思方向,可以交替组合使用。特别是在对景区景点介绍的广告中将三个方面轮流运用,将会收到意想不到的成效。

### 3)随文

旅游广告随文是跟随在广告正文之后的有关文字,是对正文的必要补充和说明,是广告不可缺少的部分。一般包括注意事项、广告单位名称、地址、电话和邮政编码、银行账号、单位的负责人或联系人姓名等。

范文5.1

### 云南的心,中国的心,世界的心

从云南大理沿滇藏公路北行315千米,距昆明659千米,乘飞机50分钟可达位于云南省西北部迪庆的"香格里拉"。"香格里拉"一词是迪庆中甸的藏语,为"心中的日月"之意,它是藏民心目中的理想生活环境和至高至尚的境界。香格里拉县位于云南省西北部的滇、川、藏"大三角"区域,是国家"三江并流"风景名胜区的一颗明珠。香格里拉是一片人间少有的完美保留自然生态和民族传统文化的净土,素有"高山大花园""动植物王国""有色金属王国"的美称。万里长江第一湾呈"V"字形包裹着这块全省县级国土面积最大的"如意宝地",滇藏公路纵贯全境。全县人口13万人,26个民族,其中9个是世居民族,是一个以藏族为主体、地域辽阔、资源丰富的县。香格里拉共有著名旅游景点24个,最著名的有金沙江虎跳峡、澜沧江峡谷等大峡谷,再有辽阔的高山草原牧场、莽莽的原始森林以及星罗棋布的高山湖泊,使香格里拉的自然景观神奇险峻而又清幽灵秀,形成独特的融雪山、峡谷、草原、高山湖泊、原始森林和民族风情为一体的景观,是一个自然景观、人文景观的富集区域。

"不必到西藏就可领略藏族风情"。在"香格里拉"不仅有西藏高原雪山峡谷的风貌和藏族风情,还可领略到内蒙古大草原"风吹草低见牛羊"般的壮丽景色。

香格里拉,自古就是藏民族最理想的"如意宝地"。藏族民歌唱道:"太阳最早照耀的地方,是东方的结塘,人间最殊胜的净土是奶子河畔的香格里拉。"香格里拉是国家八大黄金旅游热线之一。

春夏是前往这里旅游的最好季节,气温适中,草甸上繁花似锦,景致迷人。迪庆高原的秋天是最精彩的瞬间,迪庆地区在中秋节过后10天左右的20多天时间里,高原上满目秋色。此时探访属都湖、小中甸、白茫雪地等地,景色都好极了。

联系电话:×××××××

联系地址:×××××××

年　　月　　日

## 5.3.4　旅游广告写作要求

旅游广告的写作技巧是多样化的。在写作时,除要熟悉所写旅游产品的性

能、掌握消费者的心理需求、了解市场变化动向等外,在写作时还要注意如下几点:

（1）重点突出

旅游广告应有明确的主题,除了在标题中突出诉求主题之外,还应该在正文中集中地表现主题。主题是一则广告的重点,即中心意思。一则广告只能有一个主题。广告正文切忌头绪纷繁,杂乱无章,什么都拼摆上去,这样不仅难以突出主题,反而有可能引起别人的反感。当然,如果要反映主题的不同方面,可以采取添写小标题的方式,分段叙述,使文章有条有理、脉络清晰。

（2）简明易懂

旅游广告正文要简明扼要,不说废话。广告文稿的长短虽然是根据内容的需要确定的,但可有可无的文字一概应该避免。对写作的要求,在原则上以足以传达广告的全部信息为限,长而不拖沓,短而不晦涩。在语言上尽量口语化,浅显易懂。

（3）有趣动人

旅游广告文字不仅要有概括性,而且还要有艺术性。就是在广告正文的写作中,运用文学创作的手法,使广告的文字表达尽量做到生动、别致、贴切和形象,富有趣味性、知识性,这样,才能使旅游者感到亲切,乐于欣赏品味,从而增强记忆和联想。

（4）有号召力

旅游广告的目的,是通过告之旅游商品的信息,在消费者心中树立形象,再通过说服和动员促进其参加旅游行为。为使旅游广告令人信服,有号召力,在正文中往往较多地直接引用权威人士、社会名流和消费者的推荐,或是利用权威部门所发证书加以证明。由于论证方式比较客观,便于引诱消费者仿效。但应该注意的是,有时利用知名人士做广告并不一定能取得消费者的信任,而普通消费者的推荐或赞扬往往显得更为亲切和可信。

此外,运用号召力的广告,语气措词必须礼貌,既要使人感到亲切,又要善于迎合消费者的心理。这类的广告往往易于被消费者接受。

## 5.3.5　旅游广告标语

旅游广告标语又叫广告口号,它是旅游经营者从长远利益出发在一定时期内反复使用的特定的宣传词句。其目的在于通过反复使用给人以强烈的印象,使广大消费者理解并记住一个确定的观念,使这个观念在无形之中成为消费者

参加旅游活动时的选择依据。广告标语在撰写时有以下一些基本要求:

**1)简单易记**

标语字句一定要简短才便于记忆,特别是电视广告和广播广告,太长难于理解。

"只有你没去过的地方。"

这条广告标语意味着旅游,中国是个美丽的国家,而且各地都有特色,中外游人有机会游览祖国的大好河山,高兴极了。

"没有你去不了的地方。"

这条广告语暗示这是一辆性能极强的车,它可以在任何路面上行驶,它可以安全地把你带到你想去的任何地方。对于所有的游客来说,这条广告的含义:无论我们想去哪儿旅游,就能去哪儿,高速公路通到全国各地,公共汽车、火车和出租车处处都有,不仅方便,价钱也不贵。无论去哪里旅行,都是可能的。

**2)突出特点**

旅游广告标语要起到鼓动作用,必须结合广告主题,突出旅游商品的特色,并尽量使用形象化语言,以便于加深理解。广告标语要有号召力,富于鼓动性,使人乐于接受。如:

中国的第二个古长城    长城饭店
——北京长城饭店的广告标语
似曾相识燕归来    茶马古道欢迎你
——丽江的广告标语
世界与你共欢乐,您给我一天,我给您一个世界
——深圳世界之窗的广告标语
给我一天,还你千年
——杭州宋城的广告标语

**3)旅游广告标语与标题的区别**

广告语与标题有时合二为一,被称为"标题式标语",说明两者具有很多的共同性。但严格说来也有较大的区别,主要表现在以下几方面:

(1)目的作用不同

标题是广告的题目,主要用以提示主题,用以指导消费者的旅游行为;而标语则主要从强调印象出发指导消费行为。

(2)表达方法不同

标题可以是一句话,也可以是一个词,甚至是一些特殊符号;而标语必须是

一句完整的话。一则广告有一个标题,用完即废,不复再用,因而是短效的;标语具有相对长期性,可以在一个时期的不同广告宣传中使用。

(3)存在形式不同

标题放在广告文稿前面的开头处,且每次出现时,即使在同一品牌不同类商品中也有所不同;而标语常会放到文稿之后,也可以放在其他位置,标语在广告中长期反复使用,力求固定不变,以达到强化印象的目的。

## 本章小结

本章主要阐述了旅游广告的特点和作用,对旅游广告的本质特征和创作的要素作了明确的阐述,特别强调了旅游广告的结构和写作方法,使学生通过学习能够掌握旅游广告的基本知识。

## 本章自测

1.旅游广告的主要特点是什么?

2.旅游广告文的功能有哪些?

3.撰写旅游广告文正文应注意哪些方面的问题?

4.旅游广告标语与标题的区别有哪些?

5.阅读下列广告,回答问题:

请检验我的小磨芝麻香油。芝麻油里若掺猪油,加热就发白;掺棉油,加热会溢锅;掺菜子油,颜色发青;掺冬瓜汤、米汤,颜色发浑,半小时后有沉淀。纯正的小磨芝麻油呈红铜色,清澈,香味扑鼻。

(1)为什么不直接说自己的香油是最好的?

(2)这则广告给消费者传递了哪些信息?

(3)这则广告抓住了消费者的一种什么心理?

6.下列旅游广告标语,是指我国的哪一个景点?

一步跨进历史,一日畅游中国

世界与你共欢乐,您给我一天,我给您一个世界

迪斯尼太远,去苏州乐园

给我一天,还你千年

椰风海韵醉游人

桂林山水甲天下

# 常用旅游法律文书及写作方法

**【本章导读】**

旅游是一项综合性的活动,主体众多,内容广泛,存在着纷繁复杂的权利、义务关系,这些关系都需要合同来制约和协调。因此,旅游从业人员学习和掌握一定的旅游法律诉状和合同法律知识,对于维护自身、企业及旅游者的合法权益是十分必要的。

本章从合同基本知识入手,初步了解和掌握旅游法律文书的写作方法。

**【关键词】**

旅游合同　投诉书　答复书　写作方法

**【问题导入】**

我国旅游业中经常发生纠纷和投诉案件,除了服务纠纷类之外,有不少是合同纠纷。所以旅行社和旅游者之间签订的旅游合同必须具体、准确。由于旅游活动的复杂性和特殊性,撰写旅游合同要求较高,要更严谨,更认真。某些特殊的、复杂的合同,可请有关法律专家、律师撰写或把关。订立合同是为了保护当事人的合法权益,必须坚持自愿、平等、互利的原则,坚持法律面前,人人平等。因此,在订立合同时要相互尊重,对合同的条款要平等协商,充分地交换意见。只有在平等互利、等价有偿、协商一致的基础上订立的合同才是合法的,才能正确实施。

# 6.1　合同概述

在社会活动中,在自然人、法人以及其他组织之间,存在着大量的相互的经济往来,这就要求他们在相互协商的基础上,签订协议,明确各自约定的权利和义务,使各项经济活动得以顺利进行,从而实现双方当事人预期的目的。这就需要用合同将双方的权利和义务确定下来。

### 1)合同的含义

合同是平等主体的自然人、法人及其他组织之间设立、变更、终止民事权利义务关系的协议。在社会活动中人们需要彼此在相互协商的基础上,通过签订协议对双方当事人各自的权利和义务进行明确约定,这种协议就是合同。

### 2)合同的作用

合同产生于人们的经济活动中,从一开始就对双方的权利和义务有一定的约束,随着旅游经济的不断发展,合同在各领域里的应用越来越广,作用也越来越大。主要有以下几方面:

(1)约束力

双方当事人依法制订的合同,对彼此都具法律约束力。签订合同的双方按照合同中的约定行使自己的权利,履行自己的义务,使合同的目的得到实现,不得随意变更和擅自解除合同,否则要承担相应的法律责任。

(2)凭证和资料作用

合同中约定的全体条款如标的、质量、数量、时间等不仅是当事双方履行合同的依据,而且也是当事人日后个人核算、企业内部管理甚至解决合同纷争的有效依据。

### 3)合同的种类

依照《合同法》的规定,我国现有合同15种:买卖合同、供用电合同、借款合同、赠与合同、租赁合同、融资租赁合同、工程建设合同、承揽合同、技术合同、运输合同、委托合同、保管合同、仓储合同、行纪合同、居间合同。

### 4)合同的原则

(1)自愿合法原则

自愿合法原则是指当事人依法享有在选择当事人、拟订合同内容、创设合同类型及在签署、变更、解除合同等方面的自由的原则。同时双方在订立、履行合同过程中应遵守国家法律和行政法规,要遵守社会公德,维护社会经济秩序,不得损害公共利益。

(2)平等、公平原则

平等、公平原则应贯穿于合同运行的全过程,是合同有效的前提之一。双方当事人的法律地位、机会在合同规则上是平等的,一方不得将自己的意志强加给另一方。双方应当按照公平、公正的态度确定双方的权利和义务。

(3)诚信原则

诚信原则是指合同双方当事人在签订合同和履行合同的过程中,要自觉遵守诚实守信的自律原则,以善意的方式履行其义务,不得滥用权利来规避法律和合同所规定的义务。不得采用恶意谈判、欺诈等手段损害他人、牟取不正当利益,合同双方有忠实、诚实、保密、相互照顾的义务。

(4)法律约束力原则

法律约束力原则是指双方当事人依法签订合同后,任何一方不得擅自变更或解除合同,合同一经成立,就受法律保护,对双方当事人就具有法律约束力。

# 6.2　合同的写作方法

合同的订立一般是为了实现一定的经济目的,是保护合同当事人合法权益的必要方法。因此,合同的写作格式比较固定,许多单位都有固定的合同写作模版,表格式、条款式与综合式等,内容包括标题、立约双方、正文、落款四个部分。

## 1)合同的写作格式

书面形式的合同可用三种形式叙述:条款式合同、表格式合同、条款表格混合式合同。

(1)条款式合同

条款式合同是将双方或多方商定的协议内容,逐条用文字写明。

(2)表格式合同

表格式合同是按照事先印制的表格,把订立合同当事人商洽的事项填写在表格中。表格式合同的内容比较固定,使用比较方便。比如采购合同、供货合同、加工合同、购买合同等。

(3)条款表格混合式合同

条款表格混合式合同是条款合同和表格合同的结合使用,它把合同中便于文字说明的内容列出条款,便于填入表格的内容填入表格,可使合同严密而明了。

## 2)合同的写作要素

合同的写作包括标题、约首、正文、结尾四个部分。

(1)标题

也叫合同的名称,写在第一行的中间,写明合同的性质与种类。其写法有两种格式:一是不完全式,由事由和文种构成;二是完全式,由单位或者当事人、事

由和文种构成。

(2)约首

写明签订合同的双方当事人的单位名称或姓名,要求写全称。为了表述方便,可在其名称或名字前或后注明"甲方""乙方",如"中国康辉旅行社(以下简称甲方)""锦江宾馆(以下简称乙方)"。

(3)正文

正文一般包括前言、正文、说明三部分。

前言:说明签订合同的目的和依据。如"为了完成韩国旅游团的接待工作,保证游客的住宿安全,甲乙双方经过协商,订立如下合同"。

主体:是合同的主体部分。一般包括:

第一,合同的标的(合同当事人双方的权利、义务共同指向的对象)、数量、质量、价款或酬金等。第二,双方当事人履行合同的计划、进度、期限、地点、方式。第三,违约责任、解决争议的方法。第四,其他约定。

说明:主要说明合同的有效期,本合同一式几份,由谁保管,如有附件等,应在正文后再注明附件的名称及件数。凡是合同中双方协商同意的附件,也是合同的组成部分。

(4)结尾

结尾包括落款和日期。合同当事人签字盖章,并注明日期;如果需要主管机关鉴证的,还应写明鉴证机关的名称和意见。

**范文6.1**

**劳动合同**

_____公司(单位)(以下简称甲方)

_____(以下简称乙方)

依照国家有关法律条例,就聘用事宜,订立本合同。

**第一条　试用期及录用**

一、甲方依照合同条款聘用乙方为员工,乙方工作部门为_____职位,工种为_____,乙方应经过3~6个月的试用期。在此期间,甲、乙任何一方有权终止合同,但必须提前7天通知对方或以7天的实行工资作为补偿。

二、试用期满,双方无异议,乙方成为甲方的正式合同制劳务工,甲方将以书面方式给予确认。其试用期应计算在合同有效期内。

**第二条　工资及其他补助奖金**

一、甲方根据国家有关规定和企业经营状况实行本企业的等级工资制度,并根据乙方所担负的职务和其他条件确定其相应的工资标准,以银行转账形式支付,按月发放。

二、甲方根据赢利情况及乙方的行为和工作表现增加工资,如果乙方没达到甲方规定的要求指标,甲方不得增加乙方的工资。

三、甲方根据本企业利润情况设立年终奖金,可根据员工劳动表现及在单位服务年限发放奖金。

第三条 工作时间及公假

一、乙方的工作时间每天为8小时,每星期工作5天半或每周工作时间不超过44小时,除吃饭时间外,每个工作日不安排其他休息时间。

二、乙方有权享受法定节假日以及婚假、丧假等有薪假期。甲方如要求乙方在法定节假日工作,在乙方同意后,须安排乙方相应的时间轮休,或按国家规定支付乙方加班费。

三、乙方在生病时,经甲方认可的医生及医院证明,过试用期的员工每月可享受有薪病假一天,病假工资超出有薪病假部分的待遇,按政府和单位的有关规定执行。

第四条 劳动保护(按照国家劳动管理条例执行)

第五条 劳动保险及福利待遇

一、甲方按国家劳动保险条例规定,为乙方支付医药费用、病假工资、养老保险费用及工伤保险费用。

二、甲方根据单位规定提供乙方宿舍和工作餐(每天_____次)。

第六条 解除合同 略

本合同自签订之日生效,有效期为_____年,于_____年_____月_____日到期,合同期满前两个月,如双方无异议,本合同自行延长_____年。

本合同一式两份,甲乙双方各执一份,由甲方上级主管部门和国家劳动管理部门监督执行。

甲方(签字) 乙方(签字)

年 月 日

### 3)合同的写作要求

签订合同时,应该慎重对待,切不可粗枝大叶,以免自己利益受到损害。

(1)对象要具体、明确

品名、规格、种类、质量、金额、地点和办法、责权划分等,均应逐一写清,力求具体、完备。文字不可模棱两可,金额数字要大写,标点要正确。要用钢笔和毛

笔等书写(不能用铅笔),以便长久保存。

(2)内容要真实

合同双方必须有合作的诚意,必须诚信,任何一方以欺诈、胁迫的手段,或乘人之危,使对方在违背真实意思的情况下订立的合同都是无效的。所以在签订合同之前,双方都应对对方的实际情况作充分了解,以免减少不必要的麻烦和损失。

(3)语言要简明扼要,准确严密

为了更好地履行合同,避免不必要的争议,合同的语言要简单、准确、明了,不能用模糊词句,以免产生歧义。

(4)格式要规范

合同要清晰整洁,不得随意涂改。

# 6.3 旅游合同的作用、形式及写作方法

旅游合同是指具有平等主体资格的旅游合同当事人之间为实现游览目的,明确相互权利和义务关系的协议。

旅游业是一项综合性的事业,旅游活动的主体广泛,有旅游者、旅行社、饭店、旅游交通运输部门以及其他旅游服务者等多种主体参加。旅游者的食、住、行、游、购、娱等多方面需求的满足。这些活动需要用合同的形式将主体间纷繁复杂的旅游关系予以确认,并通过合同的实施来保证旅游主体享有的权利和应尽的义务,使旅游活动纳入合法、有效的法制轨道,以促进旅游事业的发展。

## 6.3.1 旅游合同的作用

随着市场经济的发展和人们生活水平的提高,旅游合同发挥着越来越重要的作用。主要表现在以下几个方面:

**1)旅游合同是当事人合法权益的法律保障**

现在外出旅游已经成为许多人休闲放松的方式。在旅行前,旅游者和旅行社签订规范的服务合同,以明确旅行社、旅游者的权利与义务,保证旅游者的合法权益。

**2)旅游合同是规范旅游秩序的法律手段**

旅游事业是一项由旅游企业和旅游相关部门共同组成的综合性的经济事

业,同时,又是一项跨地区跨国度的紧密联系的统一整体。旅游合同将各方面的协作关系有机地联结起来,使旅游接待中的交通、食宿、游览、购物、娱乐等各个环节正常运转,圆满地完成旅游合同所规定的各项任务。

**3)旅游合同是提高旅游社会和经济效益的法律措施**

规范和签订旅游合同,也是为了更好地适应和促进旅游市场的发展。随着旅游业的发展,旅游法律关系也越来越复杂。因此,不论从微观上旅游消费法律关系来看,还是从宏观上整个旅游市场的发展来看,旅游合同都起着至关重要的作用。

**4)旅游合同是旅游纠纷处理的法律依据**

旅游合同依法订立后,双方当事人都必须严格履行合同,任何一方违约,必须承担相应的法律责任。旅游纠纷的法律处理依据就是当事人所订立的旅游合同。

## 6.3.2　旅游合同的表现形式

旅游合同的形式是旅游合同当事人之间设立、变更或终止民事权利义务关系而达成协议的外在表现方式,有口头形式、书面形式和其他形式。

**1)口头形式**

口头形式直接简便,由当事人直接以对话或电话洽谈的形式完成,适用于紧急情况下。在特殊环境中,可以作为书面形式的补充。但这种形式一旦发生纠纷,难以取证,不易分清责任,解决争议。

**2)书面形式**

书面形式是指以文字来表现内容的方式达成协议。书面形式包括合同书、信件、数据、电文等。书面形式又可分为一般和特殊书面形式(如公证、认证、鉴证等)。书面形式有据可查,可以明确双方当事人的权利、义务及责任,防止争议,并可有效解决争议。

**3)其他形式**

其他形式指口头、书面形式以外,当事人以默示方式而达成的协议。这种默认的方式只适用于法律有明确规定的场合。

### 6.3.3 旅游游览服务合同

旅游游览服务合同,是以旅行社为一方和以旅游者(或旅行团)为另一方,以接待旅游者旅行游览和支付旅游费用所达成的协议。

旅行游览服务合同的写法包括标题、正文、落款与日期三个部分。

**1)标题**

标题写在第一行的中间。

**2)正文**

正文一般包括签订合同当事人名称、前言、主体三部分。

(1)名称

写明签订合同各方当事人名称。

(2)前言

前言说明签订合同的目的和依据。常用"甲、乙双方参加由甲方组织的本次旅游活动,依据国家有关法律的规定,经过平等协商,自愿签订合同如下"的语句。

(3)主体

主体具体规定旅行游览服务合同双方当事人权利义务的条款。主要包括:旅游团团号、线路、游览时间、服务标准、旅游费用、项目费用、非项目费用等,双方的权利义务、违约责任,包括双方不承担违约责任的情况、解决合同纠纷的方式、签订合同的份数和生效时间、其他约定。

**3)落款和日期**

范文 6.2

#### 旅游游览服务合同

合同编号:

甲方: 乙方:

住所或单位地址: 地址:

电话: 电话:

甲方参加由乙方组织的本次旅游,旅游团团号为:_____。旅游线路为:_____。为了保证旅游服务质量,明确双方的权利义务,本着平等协商的原则,自愿签订合同如下:

第一条 旅游团出发时间为 年 月 日,结束时间为 年 月 日,共计 天 夜。

前款所列旅游线路、行程安排详见《旅游行程表》。《旅游行程表》经甲、乙双方签字作为本合同的组成部分。

第二条　本旅游团旅游费用总额共计_____元人民币。签订本合同之日,甲方应预付____元人民币,余款应于出发前_____日付讫。

第三条　甲方依照本合同支付的旅游费用,包含以下项目:(略)

第四条　甲方依照本合同第三条支付的旅游费用,不包含以下项目:(略)

第五条　甲方应于____年__月__日__时__分于____(地点)准时集合出发。甲方未准时到约定地点集合出发,也未能中途加入旅游团的,视为甲方解除合同,乙方可以按照本合同有关约定要求赔偿。

第六条　甲方可以在旅游活动开始前通知乙方解除本合同,但须承担乙方已经为办理本次旅游支出的必要费用,并按如下标准支付违约金。(略)

第七条　除本合同第七条约定的情形外,如因乙方原因,致使甲方的旅游活动不能成行而取消的,乙方应当立即通知甲方,并按如下标准支付违约金。(略)

第八条　经乙方同意,甲方可以将其在本旅游合同上的权利义务转让给具有参加本次旅游条件的第三人,但应当在约定的出发日前____日通知乙方。如有费用增加,由甲方负担。

第九条　本合同在履行中如发生争议,双方应协商解决,协商不成,甲方可以向有管辖权的旅游质量监督管理所投诉,甲乙双方均可向法院起诉。

第十条　本合同一式二份,双方各执一份,具有同等效力。

第十一条　本合同从签订之日起生效,至本次旅行结束甲方离开乙方安排的交通工具时为止。

附:旅游行程表

甲方:　　　　　　　　　　　乙方(盖章):

电话或传真:　　　　　　　　电话或传真:

通信地址:　　　　　　　　　通信地址:

　　年　月　日　　　　　　　　年　月　日

## 6.3.4　旅游饭店服务合同

旅游饭店服务合同,它是以旅游饭店(旅游酒店、宾馆等)为一方和以旅游者(或旅行团)为另一方,以接待旅游者食宿以及康乐活动和支付食宿、娱乐费所达成的协议。

旅游饭店服务合同的写法一般包括标题、正文、落款与日期3部分。

**1）标题**

标题写在第一行的中间,注明合同的名称、类别。

**2）正文**

正文一般包括签订合同当事人的名称、前言、主体三部分。

①当事人名称。即旅游饭店方、旅游者(或旅行社)。

②前言一般为"根据国家有关法律规定,经过双方平等协商,特订立本合同,以便双方共同遵守"。

③主体即规定合同当事人的权利和义务,主要包括:房间规格质量及安全要求、价格、数量、结算方式、合同变更、违约责任,包括甲方、乙方应承当的违约责任及不承担违约责任的情况、解决合同纠纷的方式、签订合同的份数和生效时间。

**3）落款和日期**

范文6.3

**太盛酒店接待协议**

编号_____

甲方:_____

乙方:_____

根据《中华人民共和国合同法》《旅行社管理条例》的有关规定,双方愿在平等互利、友好的基础上、就甲方委托乙方接待游客住房、就餐业务中的权利、义务关系达成如下协议:

第一条　委托办法

1.甲方应于旅游团队入住饭店24小时前向乙方作出酒店入住预订,并提供团队人数、司陪人数,以及离开酒店的具体日期、时间,如有特殊要求请提出注明。

2.甲方预订时需用甲方统一制作的"酒店预订单"预订,以传真形式双方签字盖章为准作为凭证。

第二条　价格

根据市场情况,双方可协商调整按照国际酒店管理规定,旅游团8人成团,16人免1间房,司陪_____元/床,享受游客同等待遇,如不成团,散客为_____元/间,不免司陪。

第三条　合同履行

1.乙方须提供与其星级或其等级相符的硬件接待服务,大堂内醒目处标明欢迎牌。

2.甲方团队抵达乙方酒店时,接待服务员必须热情、周到,尽可能满足顾客的要求,当顾客要求超出接待范围时,应与甲方联系协商。

3.乙方应保证顾客的人身和财物安全,如有特殊要求,应当面提示或及时通知甲方处理。

第四条　结算方式(按照双方协议的结算方式执行)

第五条　合同变更违约责任(略)

第六条　本合同签字之日起即生效,有效期为　　　　年　　月　　日至　　　　年　　月　　日,共计　　　　　年。合同期满后经双方同意,可以书面协议确定延长执行期。

第七条　本合同一式两份,双方各执一份。

甲方代表签字盖章:　　　　　　　　乙方代表签字盖章:

电话:　　　　　　　　　　　　　　电话:

传真:　　　　　　　　　　　　　　传真:

签字日期:　　　　　　　　　　　　签字日期:

## 6.3.5　旅游交通服务合同

旅游交通服务合同,它是以旅游车船队为一方和以旅游者(或旅行团)为一方,以安全准时运送旅游者游览和支付交通费所达成的协议。

**1)标题**

旅游交通服务合同的标题写在第一行的中间。

**2)正文**

旅游交通服务合同的正文一般包括签订合同当事人的名称、前言、主体3部分。

①订立合同当事人名称。即旅游者托运方(或旅行团、旅游车船队承运方),要写清起止地点的详细地址。

②前言。即订立合同的依据。一般为"根据国家有关运输规定,经过双方充分协商,特订立本合同,以便双方共同遵守"。

③主体。即规定合同当事人的权利和义务,主要包括:旅游团队的名称、规格、人数、价款,要写清楚车辆要求、车辆运送质量及安全要求、运送费用、结算方法。违约责任包括托运方责任、承运方责任以及承运方不承担违约责任的情况、解决合同纠纷的方式、签订合同的份数和生效时间。

**3) 落款和日期**

范文 6.4

## 旅游交通运输合同

合同编号:

甲方(即托运人):　　　　　　　　地址:

法定代表人:　　　职务:　　　联系电话:

乙方(即承运人):　　　　　　　　地址:

法定代表人:　　　职务:　　　联系电话:

根据我国道路运输及其他相关法律、法规之规定,就旅游接待用车事宜,甲乙双方经友好协商,自愿达成如下协议:

第一条　甲方权利和义务

1. 甲方_____。

2. 甲方应查验和核对本合同有关条款规定的乙方车辆及驾驶员的有关手续,发现不符应及时通知乙方。

3. 甲方应向乙方提供旅游团队运行计划,并与乙方签订趟次合同,按约定用车时间、地点组织符合乘坐人数的游客乘坐车辆,负责清点人数。

第二条　乙方权利和义务

1. 乙方_____。

2. 乙方应与甲方签订趟次合同,所提供的车辆技术等级应达到有关法规规定的相应等级要求,并具备完备的营运手续。提供的车辆必须车况良好,车辆和驾驶员应具备下列有效证件,即_____。跨省、市的车辆应达到____级车况。

3. 乙方所派驾驶员应符合交通部门规定的旅游客运驾驶员条件,驾驶员应按照甲乙双方约定的车辆、用车时间、行车路线及起止地点提供运输服务。

第三条　费用结算方式(略)

第四条　合同变更与终止(略)

第五条　违约责任(略)

第六条　如因特殊情况未能事前签订,经双方协商一致,可补签确认。

第七条　本合同执行过程中发生合同争议时,双方应通过协商解决,协商或调解不成可选择向仲裁机构申请仲裁或向人民法院起诉。

第八条　本合同经甲乙双方签字盖章后生效,合同一式二份,甲乙双方各持一份。

本合同有效期限为:签订本合同之日起至_____止。

甲方(盖章)　　　　　　　　　　　　乙方(盖章)

法定代表人(签字)　　　　　　法定代表人(签字)

　　年　　月　　日　　　　　　　　年　　月　　日

# 6.4　旅游投诉书、答复书及写作方法

　　旅游者为了保护和实现自身的合法权益,在旅游投诉活动中所制作和使用的旅游专用应用文。国家旅游局于1991年6月1日发布了《旅游投诉暂行规定》,这是一份及时、公正处理旅游投诉的基本规章。

## 6.4.1　旅游投诉书

　　旅游投诉,是指旅游者、旅游经营者为维护自身和他人的合法权益,对损害其合法权益的旅游经营者和有关服务单位,以书面或口头形式向旅游行政管理部门提出投诉,请示处理的行为。

　　旅游投诉制度的建立是旅游走向法制化的重要步骤之一,是促进旅游业规范化管理、提高服务质量、维护旅游业和旅游者合法权益的有效措施。递交投诉状可以直接引发旅游投诉管理机关及时处理旅游纠纷,查明事实,分清责任,予以合法合理的解决。

　　在入境、国内、出境旅游中,如果旅游者发现旅行社有降低等级标准、擅自增减项目、导游未尽职责、延误变更日程、弃团等行为时,可以向旅游行政管理机关进行投诉,并按被投诉者人数提出副本。递交投诉状确有困难的,可以口诉,由旅游投诉管理机关记录笔录,并由本人签字。

**1)旅游投诉书的写法**

旅游投诉书包括标题、称谓、正文、结束语、落款与日期五个部分。

(1)标题

标题写在第一行的中间,即"旅游投诉书"。

(2)称谓

称谓是投诉书的收信人,如:"××省旅游执法大队"或"××省旅游局"。

(3)正文

正文一般包括以下几个部分:

投诉者的姓名、性别、国籍、职业、单位、名称、地址、联系电话。

被投诉者的名称、通信地址、联系电话。

投诉的事实与理由：发生旅游纠纷的实际情况、投诉的事实根据。应当把具体事例、人证、物证、时间、地点、事情经过、原因、结果等一一列举清楚。

具体赔偿要求：应写明是赔偿经济损失，或是赔礼道歉，或是其他与事实有关的证明材料，如合同、传真、机船车票、门票、发票等。

正文的几个部分要求写得齐全、具体、准确、明确。

（4）结束语

结束语一般写希望早日得到处理结果。如"急切地盼望执法部门及时进行处理""急候佳音"等。

（5）落款和日期

旅游投诉书的落款和日期与一般书信格式相同。

范文 6.5

投诉信

××市旅游执法大队：

我是一个外省游客，9 月 9 日曾到××景点旅游。在入口处买票进入该景区游览，因售票处没有购票的须知，我购票进入参观后才得知三个景点是连票，如果我要游览后两个景点就得再次购买第一个景点的门票。我拨打了景区旅游投诉电话，等了 20 多分钟没人前来处理。我再次拨打投诉电话，景区的领导来了，可是我没有得到合理的结果。甚至当我提出希望可以补上差价游览完漏掉的景点也被拒绝。

希望你们能加强景区的管理，加大执法力度，考虑旅游消费者的根本利益。

游客：×××
年　　　月　　　日

**2）旅游投诉书写作注意事项**

①写投诉信要实事求是，态度要端正，不能因为受了不公正的待遇而歪曲事实，态度偏激，夸大其词。

②事实的过程要写清楚，以便于了解、核实。

③提出的要求应公平合理，不能提无端的、不切实际的要求。

## 6.4.2　旅游投诉答复书

旅游投诉答复书是指被投诉者为维护其合法权益，针对投诉者提出的事实、理由、根据和请求事项，予以回答、辩解、反驳时制作的一种书面答复。它有助于投诉机关处理投诉案件时兼听双方的理由、根据和请求，全面了解事情，辩明是非,给投诉者一个满意的回答,对于正确解决旅游纠纷有着重要作用。

旅游投诉机关作出受理决定后,应当及时通知被投诉者,被投诉者应在接到通知之日起30日内作出书面答复。

旅游投诉书的写作本着以事实为依据,以法律、法规为准则,公正办案处理投诉,保护双方当事人的合法权益,使投诉者和被投诉者双方互相谅解,达成协议。

**1)旅游投诉答复的写法**

旅游投诉答复包括标题、称谓、正文、结束语、落款和日期5个部分。

(1)标题

标题应当写在第一行正中,如"关于……的投诉答复书"。

(2)称谓

称谓指旅游行政管理机关,如"××市旅游局执法大队"或者"××省旅游质量监督管理局"。

(3)正文

正文一般包括以下几部分:

开头语:可以用"贵旅游质量监督所转来的'关于……的投诉书'收悉。经过我们的认真调查,现答复如下"的语句开头。

投诉事由:可以简单复述旅游投诉信的基本情况和旅游行政管理机关下达的旅游处理决定书。

调查核实过程:写明对事件或当事人进行调查核实的基本过程和结果,要把主要经过、情节写清楚。说明投诉者提的请求与事实是否相符,并提出新的事实和证据,进而说明投诉者的投诉违反法律规定而予以否定或部分否定。另外,还可能针对投诉者的身份、管辖、投诉条件、证据的真实性等提出疑问。

(4)结尾

部门及负责人的名字,加盖公章,写明时间。

(5)附件

可将有关材料、文件、证据附后。

范文6.6

### 关于游客××投诉××旅行社的处理情况回复

××××年××月××日下午16:20时,游客××到我市旅游质量监督管理所投诉称:她和××旅行社签订前往某景点游览旅游合同,旅行社没有在旅游合同书上盖旅行社公章,也没有向她出具意外伤害保险的单据等原因,便终止了旅游行程,但是××旅行社向她收取了96元的违约金,要求市旅游质监所给予处理。

我市旅游质量监督管理所的工作人员按照游客来访投诉程序接待了××,同时联系××旅行社业务人员××。通过了解事情的经过认定:旅行社在业务操作中存在不规范行为,要求旅行社退赔向游客××收取的96元违约金,并向游客××赔礼道歉。

××市旅游质量监督管理所
年　　月　　日

**2)写书面答复书时需注意的事项**

①有针对性,根据投诉者投诉的事实、理由、根据和请求事项予以回复。

②实事求是,要如实反映争议事实,摆事实、讲道理,以理服人,不能强词夺理;投诉方指责是事实的,应当承认。

③符合法律规定,要以法律为准绳,不能违背法律。

④在法定期限内回答对方。

⑤讲究礼貌,应以礼待人。

## 本章小结

本章主要阐述了合同的含义、作用及种类,重点阐述了常用的旅游合同的主要种类,以及写作方法、特点和要求。通过范文的讲解,使学生熟知旅游行业常见合同特点和要求,并能了解旅游合同简单的写作。

## 本章自测

1.旅游合同的主要形式?

2.旅游投诉书写作的注意事项?

3.签订合同的原则有哪些?

4.旅游投诉书的写作方法?

5.根据下面内容,各写一份旅游投诉信、答复信。

2002年5月,李先生及同事共6人参加某旅行社组织的"黄山五日游"。按旅游协议所定的游览行程、交通、住宿等标准,旅游者每人交纳旅游费880元。然而,在旅游协议的履行过程中,该旅行社原承诺的山上住宿6~8人高低铺,实际为12人高低铺;行程计划中的黄山三大主峰之一—"天都峰",也并未安排游览。李先生等以旅行社所列旅游行程具有欺诈行为为由,向旅游质量监督管理所投诉,要求旅行社退赔全额旅游费用,以维护其合法权益。

# 旅游礼仪类文书的种类及写作方法

## 【本章导读】

旅游礼仪类文书是礼仪文书的一个分支,是旅游业内使用较为频繁的一类专用应用文。本章从贺信、请柬、聘书、欢迎词、欢送词等方面对礼仪文书进行了分类,逐一重点介绍了各类旅游礼仪文书的定义、分类、写作格式、基本要求和注意事项。

## 【关键词】

旅游礼仪文书　种类　写作方法

## 【案例导入】

某酒店拟邀请业内专家学者和同行举办酒店开业十周年庆典暨全面提升酒店业服务质量研讨会,为营造隆重热情的会议氛围,酒店还将举行大型的迎送仪式和宴请酒会。在会务筹备工作中,贺信、请柬、欢迎词、欢送词、祝酒词、开幕词、闭幕词等常见的旅游礼仪类文书都会涉及。熟练掌握和运用各类旅游礼仪文书,是未来旅游从业人员必备的基本素质。

# 7.1　旅游礼仪类文书的特点、作用和种类

旅游礼仪文书是礼仪文书的一个分支,在旅游的各项交往活动中,礼仪有着至关重要的作用。旅游礼仪类文书就是旅游活动中使用的旅游专用应用文,主要有旅游祝词、欢送词、欢迎词等。

## 7.1.1　旅游礼仪类文书的特点

礼仪是礼节和仪式的简称,是人与人之间彼此问候、尊重、赞美、友好等关系的直观体现。礼仪文书是国家、单位或个人在喜庆、哀丧以及其他社交场合用以

表示礼节性的具有较固定格式的应用文书。

旅游礼仪类文书特指在旅游业相关的各种活动中专门使用的应用文。虽然各类旅游礼仪类文书因使用场合不同,写作格式与要求也不尽相同,其习惯用语也有所差别,但是作为礼仪类文书,仍具备其共同的特点。

**1)传统性**

礼仪文书与书牍文、公牍文一样,很早就成为我国古代文章中的重要体裁,是一种传统的应用文。西晋文学家挚虞的《文章流别集》中,就有颂、哀辞等礼仪文书的记载。

**2)交往性**

礼仪文书是用于人与人、单位与单位,乃至国与国之间交往活动的具有"双边"关系的文书。例如,欢迎词、欢送词等,主客关系很明显,具有交际往来的特点。

**3)礼节性**

人们在彼此交往中有一个以礼相待的问题,需按照事情的性质和彼此交往的深度,付诸一定的礼节。用于交往活动的应用文书,当然应该体现这种礼节性。要因人、因事、因时、因地写一些必要的合乎场合、合乎人物身份的客气话,做到有礼有节。

## 7.1.2 旅游礼仪类文书的作用

在社会活动中,我们需要广交朋友,沟通多种信息,融洽与协调多方面的社会关系,减少社会摩擦,化解各类矛盾与冲突,为组织创造一个"人和"的社会关系环境。要达成以上愿望,我们就需要发扬"礼仪之邦"的优良传统,而常用的礼仪文书在各种活动中是体现礼仪的重要形式。学会撰写各种礼仪文书,无疑是一张走向世界的"通行证"。

**1)实现双方友好交往**

在旅游行业的各项交往活动中,礼仪起着至关重要的作用。现阶段,随着中国改革开放的不断深入,特别是人们物质文化生活水平的提高,我国已成为世界经济发展最活跃、经济持续增长最快的国家之一,伴随经济发展的旅游业也日益蓬勃,具备了参与国际竞争的必要条件。而要真正实现国内、国际旅游市场的"接轨",必须大力开展涉外旅游交往活动,加深国外公众对我国旅游业的全面了解,这其中旅游礼仪文书是重要的手段和工具。

**2）增进双方之间的友谊**

旅游活动的特点是直观地体现在人与人之间面对面的服务，双方彬彬有礼，有助于加强主宾之间的情感和友谊。旅游经营者为游客提供满意服务，给导游员写封感谢信表达诚挚谢意，既能增进彼此之间的感情，又能鼓舞导游员的工作热情，还可以促成下一次的旅游活动；反之，无礼或失礼会导致双方关系僵化，不利于旅游业的发展。

**3）展现行业自我形象**

旅游行业文明礼节性的服务可以提高自我形象，展现出旅游经营者彬彬有礼、热情谦恭的一面。例如，酒店在对入住客人迎来送往的时候，经营管理者撰写欢迎词和欢送词，能够给客人留下良好的印象，确立自身礼貌、热情友善的正面形象。

## 7.1.3 常用旅游礼仪类文书的种类

中国是礼仪之邦，礼仪文书源远流长、种类繁多。近年来，旅游业的发展，扩大了国际、民间交往，礼仪文书的使用日趋频繁，种类也比过去增多。较为常见的旅游礼仪文书主要有：

①贺信。表彰、赞扬、庆贺对方取得突出成绩的文书。

②请柬。邀请宾客出席某项旅游业活动的文书。

③聘书。聘请专业人员担任某种职务或承担某项工作所用的文书。

④祝词。公共场合迎送贵宾的表示庆贺道喜，提出祝愿、希望的文书。

⑤欢迎词、欢送词。用于举行重要会议或举办重大活动时书面讲话使用的文书。

⑥开幕词、闭幕词。举行重要会议或举办重大活动开幕、闭幕时，由会议主持人或主要领导人向全体与会代表或嘉宾发表讲话的一种文书。

# 7.2 常见旅游礼仪类文书的写作方法

旅游业常见的礼仪文书主要用于企业与游客、旅游经营者与游客、企业与企业之间的交往活动，它是一种"双边"关系的文书，具有交际来往的特点和作用。旅游业常见礼仪文书主要有：开业贺词、祝酒词、开幕词、闭幕词、欢送词、欢迎

词、请柬、聘书等。

## 7.2.1 贺信

贺信是表示庆祝的书信的总称,是指行政机关、企事业单位、社会团体或个人向其他集体单位或个人表示祝贺的一种专用书信。随着时代的变迁,目前贺信已成为表彰、赞扬、庆贺对方在某方面取得突出贡献的一种常用形式,它还兼有表示慰问和赞扬的功能。当某旅行社或其员工取得重大成绩时,当某酒店工程竣工、开业、周年纪念时,旅游主管部门和其他旅游服务单位或个人也都可用贺信的形式向其表示祝贺。

**1)贺信的种类**

(1)上级单位或个人对下级单位或个人所发的贺信

上级旅游主管部门等行政单位、总公司领导在节日时给下级单位或所属的子公司及企业职工、群众发来贺信;也可在下级单位或个人取得了巨大成绩时发来贺信。一般贺信在表示祝贺的同时,还要提出希望和要求。如国家旅游局为某风景区被评为5A级景区所写的贺信。

(2)同级单位之间发出的贺信

为了加强不同单位之间的交往和合作,增强了解,互相学习,同级单位之间往往在节日到来之际,或对方在某一方面有了较大的发展和取得成绩时,发来贺信,既表祝贺,又给予鼓励。如某酒店为另一酒店在全国饭店管理业务技能大赛中获奖表示祝贺时所致的贺信。

(3)下级单位、职工给领导机关的贺信

这种贺信除了表示祝贺之外,还表示下级单位或个人对完成某项任务的决心和行动。如某市旅游局在全省旅游工作会议上所致的贺信。

**2)贺信的基本格式和写作**

贺信一般由标题、称谓、正文、结尾和签署五部分构成。

(1)标题

贺信的标题通常由文种名构成。如在第一行正中书写"贺信"或"祝贺信"字样,字要工整、大方。字体大于正文的字,多用花边修饰,以示祝贺。

(2)称谓

顶格写明被祝贺单位或个人的名称或姓名。写给个人的,要在姓名后加上相应的礼仪名称。如"××旅行社""尊敬的××经理"等,称呼之后要用冒号。

（3）正文

贺信的正文要交代清楚以下几项内容：第一，结合当前的形势状况，说明对方取得成绩的大背景，或者某个重要旅游工作会议召开的历史条件。第二，贺信的中心部分，要交代清楚祝贺的原因，概括说明对方都在哪些方面取得了成绩，分析其成功的主观、客观原因，说明对方的贡献及宝贵品质。如"××同志之所以成为一名优秀的导游员，是缘于他始终坚持把服务质量当做导游的生命"等。第三，表示热烈的祝贺。要写出自己祝贺的心情，由衷地表达自己真诚的慰问和祝福；要写些鼓励的话，提出希望和共同理想。如"最后，衷心希望××酒店能为我市涉外旅游服务工作作出更大的贡献"。

（4）结尾

结尾要写上祝愿的话。如"此致敬礼""祝争取更大的成绩"等。

（5）签署

写明发文的单位或个人的姓名、名称，并署上成文的时间。

范文7.1

## 为希尔伯博士在博物馆展览
## "中国——知识的摇篮"
## 开幕的贺信

希尔伯博士：

"中国——知识的摇篮"展览开幕，我十分高兴地向您致以衷心的祝贺和良好的祝愿。举办这样一个展览，将会大大有助于增进人们对中国的了解，给参观者留下深刻的印象。

此次展览由中国第一代科学家钱学森宣布开幕，殊荣有加。本应亲自到会祝贺，但因我已到94岁暮年，不得不抱歉地说，老朽不堪旅途劳顿。然而我很高兴我所副所长卡伦博士能代表我参加，并转达我的良好祝愿。

祝贺展览会圆满成功！！

李约瑟谨上

年　　月　　日

### 3）贺信写作注意事项

①感情饱满充沛，酣畅淋漓。贺信体现的是自己真诚的祝福，是加强彼此联系、增强双方交流的重要手段。

②内容要真实，评价成绩要恰如其分，不可空发议论，空喊口号。

③语言要简洁明快，不堆砌华丽辞藻，篇幅要短小精悍。

### 7.2.2 请柬

请柬是为邀请宾客参加某一活动而发出的一种礼节性的书面通知书。请柬通常也称做请帖或柬帖。旅游业请柬的使用范围很广,旅游主管部门、单位在召开各种会议,举办宴会、晚会、庆祝活动、纪念活动、各种典礼及其他需要邀请上级领导、社会名流等较重要人物出席活动时,都要发请柬。发送请柬是为了表示举行的隆重,也可以作为入场或报到的凭证。

**1)请柬的基本格式和写法**

请柬从形式上又分为横式写法和竖式写法两种。竖式写法从右边向左边写。但从内容上看,请柬作为书信的一种,又有其特殊的格式要求。

请柬一般有标题、称呼、主体、结尾、落款五部分构成。

(1)标题

在封面上写"请柬",封面一般要做一些艺术加工,常用烫金或彩印图案装饰,以示隆重、喜庆。需说明的是,通常请柬封面已直接印上了名称"请柬"或"请帖"字样,发文者只需填写正文而已。

(2)称呼

正文第一行顶格写出被邀请者(单位或个人)的姓名名称。如"某某经理"、"某某旅行社"等。称呼后加上冒号。

(3)主体

在称呼之后另起一行空两格写清楚发出邀请的事由、活动的具体内容、时间和地点。如开座谈会、联欢晚会、生日派对、国庆宴会等。如果是请人观看演出还应将入场券附上。若有其他要求也需注明,如"请准备发言""请准备节目"等。

(4)结尾

另起一行顶格写礼节性问候语或恭候语,如"此致敬礼""顺致崇高的敬意""敬请届时光临"等。

(5)落款

署上邀请者(单位或个人)的名称和发柬日期。

范文7.2

请柬

××先生：

　　兹定于9月5日(星期五)下午3—5时,在香格里拉大酒店二楼会议室举办2008迎奥运住宿业投资管理洽谈会。

　　敬请届时光临!

××省旅游局(盖章)<br>年　　月　　日

范文7.3

请柬

××报社：

兹于十月八日上午九时整在××大礼堂举行新产品发布会,届时恭请贵报社派记者光临。

此致

敬礼!

××公司行政部

二〇〇七年十一月十日

### 2)请柬写作要求

①求其"达",即要通顺明白,又不要堆砌辞藻或套用公式化的语言。

②求其"雅",即要讲究文字美。请柬是礼仪交往的媒介,乏味或浮华的语言会使人很不舒服。

③请柬文字尽量用口语,不可为求"雅"而去追求古文言。要尽量用鲜活的语言,雅致的文言词语可偶尔用之,但需恰到好处。

④要根据具体的场合、内容、对象、时间严谨措词,语言要文雅、大方、热情。

### 3)请柬写作的注意事项

①请柬主要是表明对被邀请者的尊敬,同时也表明邀请者对此事的郑重态度,因此,邀请双方即便近在咫尺,也必须送请柬。凡属比较隆重的喜庆活动,邀

请客人均以请柬为准,切忌随便口头招呼,顾此失彼。

②请柬是邀请宾客用的,因此在款式设计上,要注意其艺术性,一帧精美的请柬会使人感到快乐和亲切。在选用市场上的各种专用请柬时,要根据实际需要选购合适的类别、色彩、图案。

③请柬要在合适的场合发送。一般说来,举行重大活动,对方作为宾客参加,才发送请柬。寻常聚会,或活动性质极其严肃、郑重,对方也不作为客人参加时,不应发请柬。

④请柬措词务必简洁明确、文雅庄重、热情得体。

### 7.2.3 聘书

聘书又称聘请书或聘任书,是聘请专业人员担任某种职务或承担某项工作所用的礼仪性文书。聘书的作用较为广泛,在社会交往和工作中主要是起到加强机关、企事业单位间的横向联系,发掘人才潜力和明确工作职责的作用。

**1)聘书的分类**

常用的聘书有临时和正式聘任书两种。

(1)临时聘书

机关、企事业单位因工作需要,在外单位聘请有关人员承担某项工作而使用的凭证,任务完成后聘书即告失效。

(2)正式聘书

在实行聘任制的机关、企事业单位使用,这种聘书要写明聘任的职务、期限、报酬等,期满则失效。

**2)聘书的结构**

聘书一般有以下几部分组成:

标题:标题居中,也可单占一页,只写"聘书"。

编号:聘书有凭证作用,为便于管理,在标题下设有编号,如"聘字〔2013〕2号"。

称谓:另起一行顶格写称谓,人名前后可加适当的修饰语,也有的聘书将聘请人姓名放在文中。

正文:另起一行空两格写正文。

结语:另起一行顶格写"此聘"。

落款:在聘书右下方写聘请单位全称或聘请人签名;单位聘请要加盖公章。

再在下方相应的位置写日期。

范文7.4

**聘　书**

聘字〔2013〕5 号

×××女士：

　　兹聘请您为我旅行社荣誉理事，请支持指导我们的工作。

此聘！

×××旅行社(盖章)

年　　月　　日

范文7.5

**聘　书**

聘字〔2013〕15 号

××同志：

　　兹聘请您为我公司兼职导游，每周六、日工作，聘任期一年(从 2013 年 7 月 1 日起至 2014 年 6 月 30 日止)，每月聘金捌佰元(人民币)整。

此聘！

××旅游公司(盖章)

年　　月　　日

**3）写聘书应当注意的事项**

　　①正文要清晰、明确。聘请对象担任的职务、承担的工作、聘请的期限等，都要写清楚，不能含糊其辞，模棱两可。

　　②语言要简明扼要。聘书的文字要精练，篇幅短小，避免套话、空话。

　　③形式要庄重。书写聘书要注意庄重、大方，只有这样才能表明对被聘者的信任和尊重。

## 7.2.4　祝酒词

　　祝酒词是在较为正规的宴会上，宾客双方互相敬酒时所讲的表示祝福的话。祝酒词的用途很广，可用于旅游行业召开重要会议时欢送会议代表、涉外旅游交流、旅游业内联谊等活动。酒不是被祝的对象，被祝的对象是人，酒只是一种媒介，借酒助兴来祝贺人。一般由开头、主体、结尾三部分组成。

**1) 祝酒词的特点**

（1）祝愿性

祝愿事情的成功或祝愿美好、幸福。

（2）简洁性

因其场合比较隆重或热闹，不宜太长，言语要简洁富有吸引力。

**2) 祝酒词的写法**

（1）开头部分

表示欢迎、问候或感谢。可以根据身份写各位女士、各位先生、朋友们、同志们等。

（2）主体部分

根据宴请的对象、宴会的性质，简略地表述主人必要的想法、观点、立场和意见，既可以追述已经获得的成绩，也可以畅叙友情发展的历史，还可以展望未来。

（3）结尾部分

可用"让我们为……干杯"或以"为了……让我们干杯"表达礼节性的祝愿。

范文7.6

祝酒词

今天，在迎来了五年一度的经贸盛会——中国云南第五届边境旅游经济贸易洽谈会之际，我谨代表洽谈会筹备委员会热烈欢迎国内外旅游界、工商界新老朋友到会，洽谈贸易和经济技术合作项目，进一步加强相互了解，加深友谊，共同促进双方友好合作的发展，并预祝各位在本届洽谈会上取得丰硕成果。

让我们为大会成功共同干杯！

年　月　日

**3) 祝酒词写作的基本要求**

①宴会上祝酒，是招待宾客的礼仪，主宾均要致祝酒词。

②主方的祝酒词主要是表示对来宾的欢迎。

③客方的祝酒词主要是表示对主方的谢忱。

④如果出于某种需要，也可在祝酒词中作出符合宴会氛围的深沉、委婉或幽默的表达。

## 7.2.5　开幕词、闭幕词

**1）开幕词**

开幕词是指举行重要会议或举办重大活动开幕时,由会议主持人或主要领导人向全体与会代表或嘉宾发表讲话的书面文稿。

开幕词一般由标题、称谓、正文、结尾四部分组成。

（1）标题

开幕词的标题有两种:一种是公文式标题,由"会议名称 + 文种"构成,如"全国旅游工作会议开幕词"。另一种是文章式标题,如"树立产业观念,抓住奥运机遇,促进首都旅游业又好又快地发展"。这种标题比公文式标题更加生动,也更富有感染力。一般应在标题下方加括号注明致开幕词的时间,另起一行署明致词人的职务、姓名。

（2）称谓

会议性质和与会代表的身份不同,其称谓也并不完全一样。如"同志们""各位代表""各位委员""各位嘉宾""女士们、先生们、朋友们"等。

（3）正文

这是开幕词的主体部分。会议开幕词一般要阐释召开会议的背景和意义,介绍会议组织、筹备和与会代表出席情况,说明会议议程和召开方式,提出会议的目的和任务,并对开好会议提出希望和要求等。

（4）结尾

开幕词的结尾多以"预祝大会圆满成功"的良好祝愿结束全文,简单明了。

范文7.7

### 北京国际旅游博览会开幕词
### 北京市旅游局局长×××

尊敬的各位来宾,女士们、先生们:

大家好!

2007 年北京国际旅游博览会经过精心的筹备今天隆重开幕了。首先,我代表北京市旅游局、北京旅游业全体从业者,向莅临博览会的各位领导、海内外嘉宾和新老朋友表示热烈的欢迎和衷心的感谢!

2007 年北京国际旅游博览会以"体验北京、走近奥运"为主题,利用 2008 年北京将举办奥运会的契机,为国内外旅游企业搭建一个交流与交易的平台。本届博览会吸引了来自世界 81 个国家和地区,国内 24 个省市自治区的 700 多家

参展商,参展面积达 22 000 平方米。今天,国际国内旅游业者欢聚一堂,共叙友谊。我衷心希望通过这个旅游盛会,让各国、各民族的文化尽情交融,让友情尽情挥洒,让全世界的旅游业者充分交流,让全世界的旅游资源充分展示,愿北京的热情传递给每一位客人。

尊敬的各位女士们、先生们,2008 年北京将举办一届有特色、高水平的奥运会,北京旅游业将牢牢把握住这一难得的历史机遇,加强与全球各个国家、各个地区以及全国各个省市的交流与合作,共同促进旅游业的发展与繁荣,努力把北京打造成世界一流旅游城市和国际会展之都。我坚信,通过大家的共同努力,本届国际旅游博览会一定会成为增进友谊、加深了解的紧密纽带;成为扩大交流、加强合作的坚实平台。

我衷心祝愿本届博览会的每一位参展商取得满意的结果,预祝本届博览会圆满成功!

年　　月　　日

### 2)闭幕词

闭幕词是指举行重要会议或举办重大活动闭幕时,由大会有关领导或德高望重者向全体与会代表或嘉宾发表最后讲话的书面文稿。

同开幕词一样,闭幕词的结构也分为标题、称谓、正文、结尾四部分。

关于标题、称谓的写作可参照开幕词,这里就不再详述。

闭幕词的正文部分主要包括以下内容:简要回顾大会议程的执行情况;对会议筹备工作人员的辛勤努力给予充分肯定;对会议的成效、作用、意义予以恰如其分的评价;对会议通过的主要内容、重要决定、会议的基本精神等进行实事求是的概括,提出贯彻落实会议精神的原则要求;号召与会代表抓住机遇,坚定信心,迎接挑战,努力完成会议提出的各项任务等。

闭幕词的结尾形式较固定,一般多以"郑重宣布×××大会胜利闭幕"为结束语。

### 范文 7.8

**旅游商品交易会闭幕词**

**×× 市人民政府市长 × × ×**

尊敬的各位来宾,女士们、先生们:

下午好!

为期两周的 ×× 市旅游商品展示交易会,在与会各方的共同努力及各位参会领导和朋友们的关心支持下,取得了圆满成功。在此,我谨代表市政府向大家表示诚挚的谢意！

这次交易会展出了各地独具特色的旅游商品，成功举办了旅游商品研讨会、旅游经贸洽谈会，签订了一批旅游商品开发合作项目。整个展示交易会规模气势恢宏，打开旅游商品开发新的一页，谱写出旅游商品发展新的篇章。

旅游商品开发是加快旅游业发展的重要组成部分，是延伸旅游产业链条、提高旅游产业地位的重要方面。这次盛会，我们收获很多，主要体现在以下几个方面：

一是进一步提高了对开发旅游商品重要性的认识。……

二是发现了一批特色旅游商品以及开发人才和开发企业。……

三是进一步明确了我市旅游饮食开发应该努力的方向。……

尊敬的各位女士们、先生们，我深信，有我们大家的共同努力，我们旅游事业的明天一定会更加美好。

现在，我宣布旅游商品交易会胜利闭幕！

年　　　月　　　日

## 7.2.6　欢迎词、欢送词

### 1) 欢迎词

欢迎词是指在国际、国内重要场合的隆重仪式上欢迎友好团体或个人来访时致辞的礼仪性讲话稿。一般都是事先准备好的书面材料。

（1）欢迎词的主要分类

现场讲演欢迎词：一般由欢迎人在被欢迎人到达时在欢迎现场口头发表的欢迎稿。

报刊发表欢迎词：这是发表在报刊或公开发行刊物之上的欢迎稿，它一般在客人到达前后发表。

私人交往欢迎词：私人交往欢迎词一般是在个人举行较大型的宴会、聚会、茶会、舞会、讨论会等非官方的场合下使用的欢迎稿。通常要在正式活动开始前进行。私人交往欢迎词往往具有很大的即时性、现场性。

公务往来欢迎词：这样的欢迎词一般在较庄重的公务活动中使用。要有事先准备好的得体的书面稿，文字措词上的要求较私人交往欢迎词要正式和严格。

（2）欢迎词的特点

欢愉性：中国有句古话是"有朋自远方来，不亦乐乎"，所以致欢迎词当有一

种愉快的心情,言词用语务必富有激情,表现出致词人的真诚,给客人一种"宾至如归"的感觉,为下一步各种活动的圆满举行打下好的基础。

口语性:欢迎词本意是现场当面向宾客口头表达的,所以口语化是欢迎词文字上的必然要求,在遣词用语上要运用生活化的语言,即简洁又富有生活的情趣。口语化能拉近主人同来宾的亲切关系。

(3)欢迎词的基本格式和写作方法

欢迎词一般由标题、称呼、正文和落款四部分组成。

①标题。标题的写法一般有两种:一种是单独以文种命名,如《欢迎词》;另一种是由活动内容和文种共同构成,如《在饭店开业典礼上的欢迎词》。

②称呼。称呼要求写在开头顶格处,要写明来宾的姓名称呼,如"尊敬的各位女士们、先生们"。

③正文。欢迎词的正文一般由开头、主体和结尾3部分构成。

开头:开头通常应说明现场举行的是何种仪式,发言者代表什么人,向哪些来宾表示欢迎。

主体:欢迎词在这一部分一般要阐述和回顾宾主双方在共同的领域所持的共同的立场、观点、目标、原则等内容,较具体地介绍来宾在各方面的成就及在某些方面作出的突出贡献,同时要指出来宾本次到访或光临对增加宾主友谊及合作交流所具有的现实意义和历史意义。

结尾:通常在结尾处再次向来宾表示欢迎,并表达自己对今后合作的良好祝愿。

④落款。欢迎词的落款要署上致词单位名称,致词者的身份、姓名,并署上成文日期。

范文7.9

### 在第二届中日韩旅游部长交流机制启动仪式上的欢迎词
#### 中国旅游协会副会长×××

各位嘉宾、女士们、先生们:

上午好!

今天,在中国美丽的青岛,"第二届中日韩旅游部长会议"隆重举行。与此同时,中日韩旅游部长会议业界交流机制在这里正式启动。在此,请允许我以本届会议执行主席的身份、以中国旅游协会的名义,向到会的各位嘉宾表示热烈的欢迎!向为中日韩旅游业界交流机制的建立和启动作出积极贡献的三方各界人士表示衷心的感谢!

追溯中日韩旅游业界交流机制建立的历史,令人鼓舞。……回顾三方旅游业交流的历程,使我们更加珍视业界交流的成果,同时也坚信:中日韩三国旅游业合作的前景会更加美好。

……

我由衷地希望在今后的几天里,大家共叙情谊、共商问题、共谋发展,以我们共同的努力,开创中日韩旅游业界和谐共赢的美好未来!

最后,祝我们的交流与合作圆满成功! 祝各位嘉宾和同仁健康、快乐!

年　　月　　日

**2) 欢送词**

欢送词是指在国际、国内重要场合的隆重仪式上欢送友好团体回归或亲友出行时致辞的礼仪性讲话稿。

(1)欢送词的分类

欢送词在分类上大致一样,按表达方式来分可分为现场讲演欢送词和报刊发表欢送词两种。按社交的公关性质来分可分为私人交往欢送词和公务往来欢送词两种。

(2)欢送词的特点

①惜别性。古诗曰:"相见时难别亦难"。中国人重情谊这一千古不变的民族传统精神在今天更显得金贵。欢送词要表达亲朋远行时的感受,所以依依惜别之情要溢于言表。当然格调也不可过于低沉,尤其是公共事务的交往更应把握好分寸。

②口语性。口语性也是欢送词的一个显著特点之一。遣词造句也应注意使用生活化的语言,使送别时既富有情趣又自然得体。

(3)欢送词的基本格式和写法

同欢迎词一样,欢送词也由标题、称呼、正文和落款组成。

①标题。标题的写法一般有两种:一种是单独以文种命名,如《欢送词》;另一种由活动内容和文种共同构成,如《在旅游商品交易会上的欢送词》。

②称呼。称呼要求写在开头顶格处,要写出宾客的姓名称呼,如"尊敬的各位女士们、先生们"。

③正文。欢送词的正文一般由开头、正文和结尾三部分构成。

开头:通常应说明此时在举行何种欢送仪式,发言人是以什么身份代表哪些人向宾客表示欢送的。

正文:欢送词在这一部分要回顾和阐述双方在合作或访问期间在哪些问题和项目上达成了一致的立场,取得了哪些有突破性的进展,阐述其深远的历史意义。对于私人欢送词还应注意表达双方在共事合作期间彼此友谊的加深增进以

及分别之后的想念之情。若为朋友送行,还要加上一些勉励的话。

结尾:通常再次向来宾表示真挚的欢送之情,并表达期待再次合作的心愿。亲朋远行尤其要表达希望早日团聚的惜别之情。

④落款。欢送词在落款处要署上致词的单位名称,致词者的身份、姓名,并署上成文日期。

**范文 7.10**

欢送词

××旅游团的朋友们:

明天,你们将结束武当山三日游的观光旅程,我谨代表宾馆经理及全体员工对你们表示热烈的欢送!

你们来武当山旅游并下榻在我宾馆,令我们感到十分荣幸。在旅游团停留期间,我们尽最大努力向你们提供了良好的服务,你们也向我们提出了宝贵的建议并给予了不少的支持配合,这给双方都留下了美好的记忆。

祝你们高兴而来,满意而归,一路顺风,期待着你们再次光临!

××宾馆总经理×××<br>年　　月　　日

**3)欢迎词、欢送词写作的注意事项**

欢迎词、欢送词是出于礼仪的需要而使用的,因此要十分注意礼貌。具体而言,要注意以下几点:

①称呼要用尊称,感情要真挚,要能较得体地表达自己的原则立场。

②措辞要慎重,勿信口开河;同时要注意尊重对方的风俗习惯,应避开对方的忌讳,以免发生误会;语言要精确、热情、友好、温和、礼貌。

③篇幅短小,言简意赅。一般的欢迎词、欢送词都是一种礼节性的外交或公关辞令,宜短小精悍,不必长篇大论。

**本章小结**

本章结合当前旅游业、酒店业的工作实际,逐一重点介绍了常见的旅游礼仪类文书,并精心选编了实用鲜活的范文。在教学过程中要结合范文剖析,熟练掌握写作格式和要求,提高未来从业人员的基本素质。

**本章自测**

1. 旅游礼仪类文书有哪些特点和作用?

2. 开幕词有哪两种标题格式?

3. 祝词写作的基本要求?

4. 请柬写作的注意事项?

5. 欢迎词的主要分类有哪些?

6. 根据下列材料的内容,各写一份文书。(收文对象、时间、地点自拟)

(1)某市香格里拉饭店举行奠基仪式。

(2)曙光旅行社创办50周年,举行酒会。

(3)学校团委组织召开演讲活动,请语文老师参加并担任评委。

(4)本校高年级的学生实习半年,返回学校继续上课,代表校长写一份欢迎词。

(5)毕业班的学生即将离校,代表全体校友写一份欢送词。

## 参考文献

［1］冒超球，李曦. 旅游应用文［M］. 北京：旅游教育出版社，2004.

［2］高胜祥，邸晓平. 旅游应用文［M］. 北京：旅游教育出版社，2005.

［3］赵林余，赵勤. 旅游政策与法规［M］. 上海：上海三联书店，1999.

［4］杨荣刚，潘大钧，李安民，等. 现代广告全书［M］. 沈阳：辽宁人民出版社，1994.

［5］潘桂云. 实用文体写作［M］. 北京：首都经济贸易大学出版社，2005.

［6］韩荔华. 实用导游语言技巧［M］. 北京：旅游教育出版社，2002.

［7］魏星. 实用导游语言艺术［M］. 北京：中国旅游出版社，1993.

［8］孙有为. 整体广告策划［M］. 北京：世界知识出版社，1993.

［9］包锦阳. 旅游应用文［M］. 北京：人民邮电出版社，2006.

［10］陈子典. 秘书应用文书写作［M］. 广州：暨南大学出版社，2006.

［11］孙绍玲，司马南，姜福金. 应用写作［M］. 大连：东北财经大学出版社，2006.

［12］何小庭. 旅游应用文写作［M］. 北京：旅游教育出版社，2002.

［13］徐寒. 现代礼仪文书［M］. 广州：广州出版社，2004.